Paciencia de Dios, impaciencia de los hombres

EDUARDO DÍAZ COVARRUBIAS

Paciencia de Dios, impaciencia de los hombres

EDICIONES RIALP
MADRID

© 2024 *by* Eduardo Díaz Covarrubias
© 2024 *by* EDICIONES RIALP, S. A.,
Manuel Uribe 13-15, 28033 Madrid
(www.rialp.com)

Preimpresión: produccioneditorial.com

ISBN (edición impresa): 978-84-321-6730-0
ISBN (edición digital): 978-84-321-6731-7
ISBN (edición bajo demanda): 978-84-321-6732-4
ISNI: 0000 0001 0725 313X
Depósito legal: M-6196-2024

Impreso en España   *Printed in Spain*

Estilo Estugraf, S.L. Ciempozuelos (Madrid)

*A mis padres,
que en la enfermedad me han dado
un maravilloso ejemplo
de alegría y paciencia cristiana.*

*El mundo es redimido por la paciencia de Dios,
y destruido por la impaciencia de los hombres.*

Benedicto XVI, *Homilía en el solemne inicio
del ministerio petrino*, Roma, 24 de abril de 2005.

*La paciencia es la forma cotidiana de un amor,
en el que están simultáneamente presentes
la fe y la esperanza.*

Cardenal Joseph Ratzinger.

ÍNDICE

Prólogo.. 13

Introducción.. 17

La paciencia y las virtudes teologales 27

Fuertes en la fe 35
   El ejemplo de Cristo 37
   La paciencia en la oración 43
   La paciencia, virtud de los fuertes ... 48
   La paciencia fruto de la humildad 53
   El ejemplo de san José....................... 58

Alegres en la esperanza 61
   La paciencia en las contrariedades
   cotidianas... 63
   La paciencia en las tentaciones 70
   La paciencia en el sufrimiento 76
   La paciencia ante los defectos propios 93

Encendidos por la caridad.................... 101
   La paciencia ante los defectos
   del prójimo... 103

La paciencia en el apostolado 109

La paciencia en la vida familiar 117

La paciencia en la vida profesional... 127

APÉNDICE DE ORACIONES PARA PEDIR
LA PACIENCIA 141

Salmo 26 143

Salmo 33 144

Salmo 37 145

Oración al beato Álvaro del Portillo ... 148

Oración de santo Tomás de Aquino
para después de comulgar 148

Oración de san Francisco de Asís 149

Oración Poesía de santa Teresa
de Jesús.. 150

Oración del cardenal Newman.......... 151

Oración a santa Mónica 152

Oración para pedir la serenidad........ 152

Manojito de imposibles a la Santísima
Virgen De Guadalupe 153

PRÓLOGO

¡Qué fácil es perder la paciencia! ¿Quién no estaría de acuerdo con esta expresión? Sin embargo, tal vez habría que preguntarse si quien dice que perdió la paciencia, realmente la tenía. En muchos casos sería más propio reconocer que se carece de ella. Esta falta de paciencia se suele manifestar de diversas maneras: desesperándose ante la espera requerida para resolver un problema; enojándose ante la impotencia para encontrar la solución; desanimándose ante los errores que exigirían rectificación. El mundo actual, con su ritmo trepidante, no favorece la paciencia. Todo se quiere conseguir de inmediato. No hay tiempo para reflexionar. Lo urgente manda sobre lo importante. Y el resultado es que se vive sin serenidad ni profundidad. El remedio ante estas amenazas está en esa paciencia que tanto escasea y que es preciso adquirir.

La paciencia es necesaria para todo lo que vale la pena en la vida y que ordinariamente exige algún tipo de esfuerzo. Paciencia para terminar un trabajo importante, paciencia para educar un hijo, paciencia para concluir unos estudios universitarios, paciencia para adquirir una vida espiritual sólida, etc. Tener paciencia significa poseer un hábito, es decir, una disposición permanente que permite actuar en esas diversas circunstancias sin desesperarse, sin enojarse o sin desanimarse. La paciencia es, por tanto, una virtud. Y una virtud necesaria para adquirir las demás virtudes, porque todas requieren el esfuerzo de repetir unos actos, una y otra vez, poniendo en ellos la inteligencia y la voluntad, hasta que la virtud se convierta en una segunda naturaleza, en algo que forme parte del modo de ser de la persona.

¿Puede decirse esto último también de las virtudes teologales? Ciertamente, la fe, la esperanza y la caridad, en cuanto virtudes sobrenaturales, proceden de Dios, son un regalo suyo para la persona que está dispuesta a recibirlas, pero no basta con ello. Para que estas virtudes arraiguen y se desarrollen, se requiere la cooperación humana, es decir, la realización de actos concretos de fe, esperanza y caridad, indispensables para crecer en cada una de ellas. Y este proceso, como en las demás virtudes, exige igualmente la paciencia.

El P. Eduardo Díaz nos ofrece en este libro una valiosa aportación para adentrarnos en la virtud de la paciencia, entender su significado, el modo de adquirirla —«para alcanzar la paciencia hace falta paciencia», nos advierte—, y descubrir su relación con las virtudes teologales, mediante aplicaciones a situaciones concretas. Así, por ejemplo, al hablar de la relación de la paciencia con la fe, hace ver en qué medida la paciencia es necesaria para que la oración sea fructífera; al tratar de la relación con la esperanza, aborda el tema del sufrimiento, cuya aceptación exige descubrir su sentido y ser paciente; y al relacionar la paciencia con el amor a los demás, lo concreta en diversos ámbitos de la vida, como la familia, el ejercicio de la profesión, el servicio y la comprensión con el prójimo.

Apoyado en su amplia experiencia pastoral, en la que seguramente habrá tenido que ejercitarse en la paciencia, el P. Eduardo es consciente de que, para ser de verdad paciente de manera habitual, resulta indispensable la ayuda de Dios. De ahí que nos invite a contar con esta ayuda —que también requiere paciencia para recibirla— y de esta manera llevar una vida que se caracterice por la serenidad y la paz interior. Auguro al lector que tenga la paciencia de leer este libro —no requerirá tanta, porque es breve y ameno— los valiosos frutos que derivan de esta virtud en todos los órdenes de la vida.

Francisco Ugarte Corcuera

INTRODUCCIÓN

Cada vez se escucha hablar más en psicología de un término en inglés que define un rasgo de la personalidad, que se encuentra en individuos que se proponen y consiguen con pasión sus metas: *Grit*. Se trata de una cualidad del sujeto que sabe actuar con perseverancia superando todo tipo de obstáculos y reveses, y que desempeña un papel de fuerza motriz en la consecución de un objetivo a largo plazo. Los conceptos comúnmente asociados a este, dentro del campo de la psicología, son: "determinación", "resistencia", resiliencia", etc. Esta característica ha sido objeto de estudio en personalidades que han obtenido un alto rendimiento intelectual, militar, deportivo o profesional, y que son aptos para mantener su motivación durante largos períodos de tiempo, a pesar de no tener retroalimentación positiva inmediata de sus esfuerzos, o incluso sufriendo experiencias de fracaso y adversidad. Su entusiasmo y compromiso con los objetivos a largo plazo los hace personas más dispuestas a triunfar que otros, aunque tengan capacidades intelectuales o aptitudes menos favorables, porque son capaces de esperar.

Saber esperar es una de las capacidades más apreciadas y valoradas en nuestra época. Los que han conseguido avanzar en la paciencia saben que para que muchos problemas se resuelvan solamente es necesario esperar, esperar un poco, a veces unos días, una temporada, pero algunas ocasiones basta saber esperar unos segundos, solo unos segundos para que las cosas tomen su cauce, y como decía un buen amigo, evocando un dicho popular, "con el andar de la carreta las calabazas se acomoden", refiriéndose a ese saber permitir que los acontecimientos fluyan, respetando la naturaleza de las cosas sin querer intervenir con nerviosismo para ajustar o corregir la realidad a nuestro antojo y velocidad.

La tradición espiritual cristiana ha visto también en la paciencia una de las virtudes más importantes, como cualidad necesaria para afrontar las dificultades que la lucha por ser buenos hijos de Dios lleva consigo: afrontar con alegría las contrariedades de cada día, aceptar con humildad las imperfecciones de la vida, imitar la caridad de Cristo ante los defectos de los demás o ser capaces de sufrir, dando al dolor un sentido trascendente. Se puede identificar este rasgo con la "perseverancia", pero cuando se habla de persistir en la consecución de un bien con un padecimiento anejo, la tradición cristiana le ha llamado "paciencia".

Aprender a ser paciente tiene mucho que ver con la sabiduría, con aprender a reflexionar antes de obrar, con ver las cosas con perspectiva, con ser conscientes de la temporalidad de la vida y que nada en esta tierra es para siempre. Es también un rasgo de una personalidad madura: la encontramos como fruto en personas que tienen gran capacidad de superar la frustración y mirar adelante con esperanza.

La necesidad de la paciencia se basa en la experiencia humana de tener que superar los obstáculos y peligros que encontramos a lo largo de la vida, que impiden la propia realización o felicidad. Ya la epopeya canta las virtudes del *divino paciente*, el hombre que soporta con coraje los sufrimientos y adversidades que le imponen los dioses (Ulises, Hércules...). Esta paciencia heroica es un tipo de resignación que tiene en gran medida un fundamento fatalista («*sopórtalo pacientemente y deja ya tus constantes lamentos, pues nada conseguirás con tu aflicción...*»)[1].

En el sistema aristotélico de las virtudes, la paciencia se considera una parte de la fortaleza. El fuerte es quien posee la capacidad de mantenerse firme en los infortunios, no tanto por el miedo a la infamia o por la esperanza de una recompensa placentera, sino por amor del bien. Del cobarde, contrariamente, se dice que todo lo rehúye y teme, y que no soporta nada[2]. También la doctrina estoica sobre la virtud subordina la paciencia a la fortaleza. El sabio debe ejercitar su voluntad soportando los males de la vida, llegando a ser de este modo un hombre con fortaleza de ánimo[3].

La Sagrada Escritura nos introduce en un mundo distinto. En el Antiguo Testamento no se exalta el valor o magnanimidad del héroe, ni la imperturbable superación del mundo propia del estoico, considerados como valores supremos, sino que se los subordina a la magnificencia de Dios, "la esperanza de Israel" (cfr. Jer 14, 8; 17, 13). En el Antiguo Testamento, el término paciencia adquiere casi el mismo significado que el de la palabra esperanza;

---

[1] Cfr. Homero, *Ilíada* 24, 549 s.

[2] Cfr. Aristóteles, *Eth. Nic.* II, 2.

[3] Cfr. Séneca, *Ep.*, 41.

pues los que esperan en la fortaleza del Señor, son los pacientes, los que no serán confundidos (cfr. Sal 24, 3; 68, 6; Is 49, 23). Así entonces, el israelita logra esperar individualmente el auxilio personal de su Dios (cfr. Sal 9, 18; 38,7; 61, 5); para el judío piadoso la paciencia requiere fortaleza de ánimo; sin embargo, la fuente de esta fortaleza es Dios mismo.

En cambio, en la predicación de Jesús apenas se encuentran referencias a la paciencia. Aunque las Bienaventuranzas puedan parecer una exhortación a ser pacientes ante los sufrimientos de la vida, van mucho más allá: «Si vamos al fondo de las Bienaventuranzas, observaremos que siempre aparece el sujeto secreto: Jesús. Él es aquel en quien se ve lo que significa ser pobres en el Espíritu; él es el afligido, el manso, quien tiene hambre y sed de justicia, el misericordioso. Él tiene el corazón puro, es el que lleva la paz, el perseguido por causa de la justicia. Todas las palabras del Sermón de la Montaña son carne y sangre en él»[4]. Jesucristo no exhorta al enfermo a ser paciente, simplemente lo cura. Se trata del anuncio del Reino que ha llegado ya: los atribulados son consolados, los leprosos son purificados, los pecadores perdonados, el reino de Dios está presente en la persona de Cristo y así es anunciado por Él mismo. Esto es interesante, puesto que nuestra paciencia cristiana debe estar impregnada de esta novedad. Para nosotros debiera resultar más fácil esperar y tener paciencia *mientras vivimos los padecimientos del tiempo presente* (Rom 8, 18), porque nuestros sufrimientos ahora tienen otro significado, son camino

---

[4] Benedicto XVI, *Mirar a Cristo*, Edicep, Valencia, 2005, p. 67.

de redención; el dolor, la enfermedad, la misma muerte, son realidades que han sido liberadas de su antiguo veneno, y convertidas en medio de salvación: son medicina saludable, fuente de gozo espiritual y preparación para la bienaventuranza eterna.

Para ser pacientes, aunque sigue siendo necesaria la virtud, basta estar unidos a Cristo. A través de los sacramentos de la Iglesia y del ejercicio de las virtudes teologales, vamos experimentando que el siervo paciente es Él, y en mis tribulaciones se hace presente para hacerse solidario conmigo. Él lleva la carga, el sufre lo que yo sufro y lleva el peso de la Cruz redentora sobre sus espaldas; yo solamente le ayudo un poco y entre los dos llenamos de sentido las penas.

Sin embargo, aun siendo cristianos y teniendo en mente esta realidad, experimentamos una gran dificultad para ser pacientes. Alguna vez escuché una especie de definición de "literatura clásica" que no carece de verdad aunque haya sido formulada de modo un tanto cómico: *un libro clásico es aquel que todo mundo quisiera haber leído, pero pocos quieren leer.* Con la paciencia parece ocurrir algo parecido. Es una virtud que todos quisiéramos poseer, pero pocas almas están dispuestas a recorrer el camino y a emprender la lucha para alcanzarla. Y es que, tautológicamente, para alcanzar la paciencia hace falta paciencia.

Parece una contradicción, pero es una paradoja que tiene solución: por eso aquí se proponen algunas claves humanas para facilitar adquirir la paciencia en los distintos ámbitos de nuestra vida. Por ejemplo, para conseguir la paciencia en las contrariedades cotidianas, es necesario fomentar una disposición de ánimo alegre y buen humor; o bien, para ser pacientes en el sufrimiento o en la enfermedad, se impone romper la tendencia al aislamiento para buscar la compañía y no querer sufrir solos; en el ámbito familiar, es necesario cuidar el descanso, etc. Todas estas claves son necesarias para adquirir un talante que nos facilitará ser pacientes y tolerantes cuando lo necesitemos.

Pero también ocurre que, como muchas veces no encontramos en nosotros mismos esos recursos, y como con frecuencia deseamos la paciencia y nos encontramos como en un callejón sin salida por no contar con la misma, siendo al mismo tiempo el objeto buscado y el medio para alcanzarlo, tenemos que entenderla también como una dádiva, algo que nos es concedido, que viene de fuera, un don de Dios. La paciencia será pues una virtud buscada, y nos ejercitaremos en ella, pero tendremos que tender la mano hacia Aquel que desde arriba nos eleve a un plano superior para realizar esa conquista.

La paciencia es una virtud necesaria para llevar una vida serena. El talante de una persona paciente se transmite a su alrededor y hace agradable la vida a su lado. En cambio, las personas que van de prisa se vuelven arrolladoras, y la prepotencia «es un signo manifiesto de mala educación, que descalifica de raíz a quien la ejerce. Nada hay peor que considerarse superior a los demás, ni tampoco tanto envilece al alma. Las actitudes exigentes e intransigentes no son compatibles con el ánimo sereno. La filosofía de la serenidad es aliada del *abandono*, que no es dejadez irresponsable sino confianza en la Providencia. Siempre hay razones que no conocemos. Por eso forzar los acontecimientos en una determinada dirección puede ser perjudicial... La vida tiene sus tiempos. Y aprender a ajustarse a ellos es un arte. No debemos olvidar que somos seres temporales y que nuestra existencia como seres humanos está sujeta al paso del tiempo. En él nacemos, vivimos y morimos. Cada uno es hijo de su tiempo, por lo tanto, la temporalidad no es una dimensión de nuestras vidas que nos sea ajena»[5].

Es lógico que valoremos mucho la virtud de la paciencia, que luchemos por adquirirla y se la pidamos a Dios. Para un cristiano ha sido siempre un ideal y motivo de lucha ascética, y es que sus frutos son maravillosos: «Mantiene en la humildad a los que prosperan, los hace fuertes en la adversidad y mansos ante las injusticias y afrentas. Enseña a perdonar enseguida a quienes nos ofenden, y a rogar con insistencia y constancia cuando hemos ofendido. Nos hace vencer las tentaciones, tolerar las persecuciones, consumar el martirio. Es la que fortifica sólidamente los cimientos de nuestra fe, la que levanta en alto nuestra esperanza, la que encamina nuestras acciones por la senda de Cristo, para seguir los pasos de sus sufrimientos. Nos lleva a perseverar como hijos de Dios, imitando la paciencia del Padre»[6].

Gracias a la paciencia, los cristianos podemos ser sembradores de paz y de alegría, porque conservamos la serenidad en las pruebas y transmitimos a quienes nos rodean —a veces sin pretenderlo— la visión positiva de los hijos de Dios, el amor a la Cruz de Cristo

---

[5] Miguel-Ángel Martí García, *La Serenidad*; Ediciones Internacionales Universitarias, Madrid 2003 pp. 110-111.

[6] San Cipriano, *De bono patientiae*, n. 20.

y la esperanza de alcanzar por su Pasión y su Cruz la gloria de la Resurrección.

«Hemos de tener paciencia, y perseverar, hermanos queridos, para que, después de haber sido admitidos a la esperanza de la verdad y de la libertad, podamos alcanzar la verdad y la libertad mismas. Porque el que seamos cristianos es por la fe y la esperanza; pero es necesaria la paciencia, para que esta fe y esta esperanza lleguen a dar su fruto; pues no vamos en pos de una gloria presente; buscamos la futura, conforme a la advertencia del apóstol Pablo cuando dice: *En esperanza fuimos salvados*. Así pues, la esperanza y la paciencia nos son necesarias para completar en nosotros lo que hemos empezado a ser, y para conseguir, por concesión de Dios, lo que creemos y esperamos»[7].

Los hombres de todos los tiempos la han buscado y valorado, y es que para muchos como para Don Quijote «los males que no tienen fuerza para acabar la vida no han de tenerla para acabar la paciencia», pues es ella la que nos permite pasar por esta vida sobrellevando las dificultades sin derrumbarnos ante ellas. Son muchos bienes los que están en juego cuando aprendemos a ser pacientes. No solamente en el plano humano, para lograr una convivencia serena, sino para entrar en una forma de relacionarnos con Dios, con los demás y con nosotros mismos, que nos permita tener una perspectiva más completa de nuestra realidad: quiénes somos, dónde vivimos y hacia dónde nos dirigimos: «Ustedes necesitan paciencia para conseguir los bienes prometidos cumpliendo la voluntad de Dios» (Heb 10, 36).

---

[7] San Cipriano, *De bono patientiae*, n. 13.

En la vida hay muchos tesoros que nos toca perseguir y conquistar, como el éxito, el bienestar, la paz, la alegría, pero «hay otro valor más raro y más necesario, que es el que nos hace sobrellevar cada día, sin testigos y sin elogios, los contratiempos de la vida, y este es el de la paciencia. No se apoya en la opinión ajena, ni en el impulso de nuestras pasiones, sino en la voluntad de Dios»[8].

Además de presentar la belleza de esta virtud es necesario tratar de describir con palabras el camino humano y espiritual para alcanzarla, ofreciendo un panorama esperanzador: ser paciente es posible, independientemente del modo de ser y de la magnitud de las dificultades con las que nos enfrentamos, porque contamos con la fuerza de Dios. Tenemos delante una meta hacia la que nuestro Señor quiere que tendamos, y que hacía orar al apóstol Pablo, pidiendo como algo verdaderamente importante «que el Señor dirija sus corazones hacia el amor de Dios y la paciencia de Cristo» (2 Tes, 3,5).

Este camino lo haremos apoyándonos en gran medida en la Sagrada Escritura y en las enseñanzas de vidas santas, que a lo largo de la historia han recorrido ya un camino de reflexión y de práctica de esta maravillosa virtud cristiana.

---

[8] Mariano de Rementería y Fica, *Manual alfabético del Quijote,* voz Tristeza.

LA PACIENCIA Y LAS VIRTUDES TEOLOGALES

Una de las definiciones más sencillas y profundas que he encontrado sobre la paciencia es del cardenal Ratzinger, cuando se refiere a ella como «esa forma cotidiana de un amor en el que están simultáneamente presentes la fe y la esperanza»[1].

En efecto, la paciencia es una forma de amor y se ejercita de modo continuo en las vicisitudes de cada jornada. Es una forma de amor, porque la paciencia es una manifestación del espíritu de caridad por la que la persona sabe estar en su sitio para no atropellar a los demás, respetando la libertad ajena y cubriendo las relaciones personales de un espíritu de comprensión; es un amor en el que está presente la fe porque nuestra relación con Dios es la que proporciona la luz para ver los acontecimientos con una perspectiva que nos eleva por encima de nuestras debilidades y de nuestras prisas; es un amor en el que está presente la esperanza porque en el arte de ser pacientes se halla la capacidad de esperar unos bienes que confiamos alcanzar.

La paciencia se manifiesta en personas que viven una cotidianidad a la que quieren dar sentido. Cuando en una persona florece la paciencia cristiana, uno se percata del aroma que despide: el *bonus odor Christi*

---

[1] Joseph Ratzinger, en Vitorio Messori, *Informe sobre la fe*, Cap. 1.

(2 Cor 2, 15), que es siempre atractivo en una persona de fe, que sabe ser paciente porque no solamente *tiene*, sino que *vive en* la esperanza.

San Pablo afirma que «todas las antiguas Escrituras se escribieron para enseñanza nuestra, de modo que entre nuestra paciencia y el consuelo que dan las Escrituras mantengamos la esperanza» (Rom 15, 4). Este versículo manifiesta una verdad consoladora: que el ejercicio de la paciencia, cuando es sostenido por el consuelo que otorga la Palabra de Dios, se convierte en esperanza teologal. Se pasa del esfuerzo humano personal, a la recepción del don. La paciencia se vuelve Esperanza. Cuántas veces, en efecto, no nos hemos sentido sostenidos y estimulados al dejarnos interpelar por algún pasaje, incluso por un solo versículo de un salmo, de una carta de san Pablo o de un discurso de Jesús.

Esta frase de san Pablo a los Romanos que acabamos de citar es anunciada el segundo Domingo de Adviento (ciclo A), y no deja de ser significativo que la primera lectura de esta liturgia dominical sea del libro del profeta Isaías (11, 1-10), donde aprendemos que el signo de la llegada del Reino es la reconciliación de lo aparentemente irreconciliable: *Habitará el lobo con el cordero, la pantera se tumbará con el cabrito, el novillo y el león pacerán juntos: un muchacho pequeño los pastorea; el león comerá paja con el buey... el niño meterá la mano en el escondrijo de la serpiente...* y es que lo que es imposible para nosotros no lo es para Dios. Cuando nos enfrentamos con circunstancias o individuos que nos hacen desesperar, y comenzamos a decir por dentro o por fuera que no podemos soportar tal situación, o que tal o cual persona nos exaspera y que no podemos —porque "es imposible convivir con sujetos así"—, la Sagrada Escritura, acogida con fe, alienta nuestra paciencia, y esta se convierte en esperanza, para poder vivir en caridad. Es posible. Es posible reconciliar lo aparentemente irreconciliable. Es posible lograr la armonía, aún en medio de las más severas dificultades, es posible llevar en el interior del corazón esa paz sobrenatural.

Tenemos que esforzarnos por levantar la mirada. Dios nos permitirá elevarnos por encima de los obstáculos, de los nubarrones que oscurecen el panorama, si nos dejamos tomar por Él. Ojalá tengamos esa buena disposición, como un instinto espiritual, de levantar el corazón ante lo que nos impacienta, de acudir al cielo y suplicar auxilio para no dejarnos arrastrar por la pasión o el desánimo. Ante la súplica del cristiano a punto de sucumbir, podemos estar seguros de que el Señor acude con una nueva efusión de las virtudes teologales. A nosotros corresponde disponernos humildemente a recibirlas y ponerlas en práctica.

Estas virtudes infusas son luz para la inteligencia porque es necesario para el conocimiento discernir entre el bien y el mal. En esto consiste en primer lugar el verdadero conocimiento. Los grandes dramas suelen provenir de una mente ofuscada que toma decisiones erróneas, tomando por bienes lo que en realidad son males. La fe, la esperanza y la caridad permiten que esa luz de la inteligencia no se apague. En las aguas tranquilas los pescadores pueden distinguir los peces y atraparlos con facilidad. En un alma impaciente la mente se enturbia y nuestras elecciones no son certeras.

Una anécdota nos puede ayudar a entender por qué aprender a ser pacientes, requiere saber ponerse por encima de lo que en un momento dado se nos presente como una amenaza, y afrontar lo adverso con serenidad y objetividad, con la ayuda de Dios:

Hace tiempo me contaban un hecho ocurrido en una división del Ejército español. Un chimpancé había sido adoptado como mascota de la brigada de paracaidistas. Una ocasión, previamente a una ejercitación, uno de los soldados pidió la autorización al comandante para hacer participar al animal en el lanzamiento desde las alturas, queriendo concederle la experiencia del paracaídas. Por muy estrafalaria que resultara la idea, al superior le hizo gracia la petición y accedió, no sin antes cargar la responsabilidad de quien hacía la singular sugerencia, conminándolo a proveer todo para asegurar la integridad del primate y el buen resultado del ejercicio. Pues bien, la mascota fue equipada con su paracaídas y obligado a subir a la aeronave. Cuando llegaron a la altura establecida y la escotilla se abrió para dar inicio la secuencia de lanzamientos, el soldado responsable tuvo que correr al rincón de la cabina para coger al chimpancé temeroso, que se resistía por naturaleza a dar ese salto al vacío y, cuando pudo al fin agarrarlo, se lanzó con él en brazos. En el aire, los primeros segundos de la caída fueron empleados por el soldado en deshacerse del animal que con sus garras se engrapaba a su traje, aterrorizado; luego, una vez liberado de él, tuvo que activar el mecanismo que abriría ambos paracaídas. Tocaron tierra todos los soldados y esperaban la llegada del primate que venía bajando con su paracaídas en perfectas condiciones, ante la mirada divertida de los soldados que le esperaban para festejar el éxito de su primer lanzamiento. Todo indicaba que terminaría bien, todos miraban el descenso aplaudiendo, pero algo imprevisto ocurrió. Cuando el pobre animal estaba a 40 metros de tocar tierra, sucedió lo que en un primer momento pareció inexplicable: el mono, llevado por su instinto de conservación, al ver que caía y que el suelo se acercaba, optó por treparse por las cuerdas que tenía sobre su cabeza intentando salvar su vida; hizo lo peor que podía haber hecho: recoger el paracaídas con sus garras. Ese paracaídas, que era su salvación, se convirtió de pronto en una serie de bolsas informes que se inflaban y se desvanecían caprichosamente. El chimpancé había actuado según su naturaleza, pero lo que hizo fue fatal para él, se desplomó de una altura de más de treinta metros y ese fue su triste final.

Por desconcertante y cruel que pueda parecer lo sucedido con el chimpancé, resulta aleccionador para entender que algo parecido nos ocurre cuando somos impacientes, cuando nos dejamos llevar por nuestros temores naturales. La mascota de los paracaidistas fue embarcada en una aventura que le exigía razonar. Es decir, se le exigió algo que estaba por encima de su naturaleza animal: calcular la velocidad de caída y confiar en su paracaídas, y esto un mono no lo puede hacer. Nosotros, los cristianos, también hemos sido embarcados en una aventura que nos supera, Dios nos ha llamado a la santidad, a vivir una vida divina, a participar de las aventuras de Dios, se nos exige razonar por encima de nuestra naturaleza, la diferencia es que a nosotros sí se nos puede pedir, porque sí somos capaces. Podemos obrar por encima de nuestra naturaleza, ser *sobrenaturales*, porque Dios mismo, al invitarnos y embarcarnos en esta empresa, nos ha dado las virtudes teologales: la fe, la esperanza y la caridad. Dios nos las ha concedido en el bautismo, y luego nosotros las ejercitamos libremente y con ellas aprendemos a confiar en Dios, adquirimos la capacidad de ver lo que nos ocurre y las personas que nos rodean con la perspectiva suya. Para ser pacientes, es necesario el ejercicio de estas virtudes. De otra manera, nuestro nerviosismo, nuestros juicios humanos nos pueden llevar a tomar decisiones fatales: faltas de caridad, reacciones primarias de las que muy pronto nos arrepentimos y en ocasiones cuando es demasiado tarde, provocando heridas en nosotros mismos y en los demás, errores que sabemos que pudimos evitar si hubiéramos tenido la capacidad de confiar en Dios, de esperar, de conservar la calma, en fin, de haber tenido una perspectiva más sobrenatural y haber sido más pacientes.

Habla el Espíritu Santo: «Deseamos vivamente que cada uno de ustedes manifieste hasta el fin el mismo empeño por alcanzar la perfección de la esperanza, de modo que no se vuelvan perezosos, sino que imiten a los que heredan las promesas mediante la fe y la paciencia» (Hb 6, 11-12). En efecto, la perfección en la virtud de la esperanza consiste en saber ser pacientes con la luz de la fe. Las virtudes teologales forman una unidad maravillosa que hace brotar las otras virtudes necesarias para ser felices y servir a Dios. Así lo explica Benedicto XVI maravillosamente, en forma sintética, en su primera encíclica: «Fe, esperanza y caridad están unidas. La esperanza se relaciona prácticamente con la virtud de la paciencia, que no desfallece ni siquiera ante el fracaso aparente, y con la humildad, que reconoce el misterio de Dios y se fía de Él incluso en la oscuridad. La fe nos muestra a Dios que nos ha dado a su Hijo y así suscita en nosotros la firme certeza de que realmente es verdad que Dios es amor. De este modo transforma nuestra impaciencia y nuestras dudas en la esperanza segura de que el mundo está en manos de Dios y que, no obstante, las oscuridades, al final vencerá Él (...). El amor es una luz —en el fondo la única— que ilumina constantemente a un mundo oscuro y nos da la fuerza para vivir y actuar. El amor es posible, y nosotros podemos ponerlo en práctica porque hemos sido creados a imagen de Dios»[2].

[2] Benedicto XVI, *Enc. Deus caritas est*, n. 39.

FUERTES EN LA FE

*... así como han recibido a Cristo Jesús, el Señor,
vivan en él, enraizados y edificados sobre él,
permaneciendo fuertes en la fe* (Col 2, 6-7).

Más allá de ser una cualidad humana que encontramos en las personas serenas, la paciencia es fruto de las almas que han sabido dejarse iluminar por la fe. El ejemplo de Nuestro Señor Jesucristo, los efectos de la oración perseverante, la necesidad de la lucha ascética y de la humildad son realidades que facilitan entender el papel de la paciencia en la propia vida, no solo como virtud que facilita la convivencia y que hace más soportables las dificultades y los propios límites, sino como una forma de crecer en vida interior y de alcanzar la santidad.

El ejemplo de Cristo

El Evangelio es una continua invitación a tener «fijos los ojos en Jesús, iniciador y consumador de la fe, que, despreciando la ignominia, soportó la cruz en lugar del gozo que se le proponía, y está sentado a la diestra del trono de Dios. Por eso, piensen atentamente en aquel que soportó tanta contradicción por parte de los pecadores, para que no desfallezcan ni decaiga su ánimo» (Heb 12, 2-3).

Contemplar a Cristo es luz para nuestros pasos. Los cristianos tenemos un maestro, y como discípulos debemos conocerle e imitarle. Él es quien, haciéndose hombre como nosotros, asumiendo todas las realidades humanas, nos muestra la manera de vivir que es la buena, la justa, la que nos engrandece y lleva a plenitud la vocación a la que hemos sido llamados. «La venida del Hijo de Dios a la tierra es un acontecimiento tan inmenso que Dios quiso prepararlo durante siglos»[1], de manera que Cristo mismo es la imagen de la paciencia de Dios.

Jesús está en unas bodas en Caná de Galilea (cfr. Jn 2). Cuando falta el vino y los novios se encuentran abochornados, María se da cuenta y le dice a su Hijo: «No tienen vino». Jesús le respondió: «Mujer, todavía no ha llegado mi hora». Jesús es paciente. Le comen las ansias de redimirnos, para eso ha venido a la tierra; sin embargo, sabe que su hora debe esperar. Quiere redimirnos siendo un hombre como cualquier otro, y no tiene prisa para encarnarse en el seno de una mujer, nacer, crecer, pasar oculto, viviendo como uno más, teniendo un trabajo ordinario... En realidad, todo eso era ya redención para los hombres, pero su manifestación debía esperar. La hora de su *glorificación*, como dice tantas veces el evangelio de san Juan refiriéndose a su Pasión, tiene que venir después de una temporada larga de preparación, de maduración. Tiempos de silencio preparando su predicación; tiempos de oración, de recogimiento, preparando la convocación de sus discípulos; tiempos de vida oculta, disfrutando de las cosas sencillas, preparando sus milagros y su muerte en la Cruz; tiempos de ausencia, obscuridad y vacío, preparando su resurrección; tiempos de ocultamiento en la Hostia

---

[1] Catecismo de la Iglesia Católica, n. 522.

santa en todos los sagrarios del mundo, en preparación de su segunda venida.

En la vida de Jesucristo, sucede aquello que ocurre con las semillas del bambú japonés, y que debería ocurrir también en las nuestras. Parece ser que esa simiente se comporta de un modo diverso al resto, pues hay que abonarla, regarla constantemente, pero los primeros meses no sucede nada. En realidad no sucede nada en los primeros siete años; a tal punto un cultivador inexperto estaría convencido de haber sembrado semillas estériles. Sin embargo, durante el séptimo año, en un periodo de solo seis semanas, la planta de bambú comienza su crecimiento ¡hasta alcanzar los treinta metros! ¿Tardó solo seis semanas en crecer? No, en realidad le tomó siete años. Las seis semanas solo las ocupó para desarrollarse visiblemente. Biológicamente, durante sus primeros siete años de aparente inactividad, el bambú genera una compleja madeja de raíces largas, profundas e invisibles que le permitirán sostener su enorme crecimiento posterior.

Hay momentos en la vida en que hay que *crecer para adentro*, dejar que la gracia divina sea la que actúe, fortalezca nuestro interior, nos otorgue las herramientas para un crecimiento posterior, que puede tardar en llegar. Hace falta saber esperar, tener paciencia y confianza en Dios.

Nuestro Señor Jesucristo no quiso irrumpir en el mundo con actitud avasalladora. Él viene a cumplir unos designios eternos de salvación, y lo vemos unir maravillosamente su voluntad humana a la Voluntad divina. Él ha reparado la desobediencia del pecado con su obediencia de amor a la Voluntad del Padre: obediencia que ha consumado, precisamente, acogiendo el dolor y la muerte en la Cruz. Al redimirnos, Jesús nos ha unido a Sí como miembros suyos, de modo que podemos servirnos también nosotros de lo que nos hace sufrir, del dolor, de las adversidades, para purificarnos y colaborar con Él en su obra redentora. Gracias a nuestra unión con Cristo, podemos exclamar con san Pablo: «Me alegro de mis padecimientos por ustedes, y completo en mi carne lo que falta a la Pasión de Cristo» (Col 1, 24).

Después de la oración en el Huerto de los Olivos y de la traición de Judas, el Señor se somete a un juicio inicuo. Escuchados los falsos testimonios contra Él, «se levantó el Sumo Sacerdote en medio de la asamblea, y preguntó a Jesús diciendo: ¿No respondes nada a lo que estos atestiguan contra ti? Pero Él permanecía en silencio y nada respondió» (Mc 14, 60-61). Ha llegado la hora de manifestar el amor a través de los padecimientos, y Jesús los soporta con fortaleza y paciencia. Recibe en silencio las burlas y azotes de los soldados, calla ante el desprecio de Herodes, carga con la Cruz, y cuando cae bajo su peso, se levanta de nuevo. «A nuestra reincidencia en el mal, responde Jesús con su insistencia en redimirnos, con abundancia de perdón. Y, para que nadie desespere, vuelve a alzarse fatigosamente abrazado a la Cruz»[2]. Al fin, en el Calvario extiende sus brazos con gesto de Sacerdote Eterno. «Es el Amor lo que ha llevado a Jesús al Calvario. Y ya en la Cruz, todos sus gestos y todas sus palabras son de amor, de amor sereno y fuerte»[3].

---

[2] San Josemaría Escrivá, *Vía Crucis*, VII estación.

[3] San Josemaría Escrivá, *Vía Crucis,* XI estación.

Por eso, el consejo de santo Tomás de Aquino: «Si buscas un ejemplo de paciencia, encontrarás el mejor de ellos en la cruz. Cristo, en la cruz, sufrió grandes males y los soportó pacientemente, ya que en su pasión no profería amenazas; como cordero llevado al matadero, enmudecía y no abría la boca. Grande fue la paciencia de Cristo en la cruz»[4].

Con paciencia ha sufrido por nosotros, y con paciencia continúa llamando a los hombres a la conversión. Después de la Ascensión a los Cielos, entre los primeros cristianos algunos aguardaban como inminente la segunda venida, gloriosa, que había anunciado el Señor, y no faltaban quienes se inquietaban con la espera. Esto fue ocasión para que san Pedro, inspirado por el Espíritu Santo, invitara a admirar aún más la inmensidad de la paciencia divina: «No tarda el Señor en cumplir su promesa, como algunos piensan; más bien usa de paciencia con ustedes, porque no quiere que nadie perezca, sino que todos se conviertan» (2Pet 3, 9).

Así es nuestro Dios, que de muchos modos nos hace entender el modo que tiene de buscarnos, de llamarnos, de acercarse a nosotros. La figura del Buen Pastor, tan querida por los cristianos de todos los tiempos, nos muestra un Dios que no se impacienta ante los desvaríos de la oveja perdida. No la abandona, no piensa: "Allá ella, la oveja rebelde se perderá por su culpa..." sino que va, amorosamente, a buscarla; es capaz de bajar a los abismos donde se ha perdido, porque es suya, y la llama por su nombre, con silbidos de buen pastor. Así es nuestro Dios. Contempla

---

[4] Santo Tomás de Aquino, Collatio 6 super Credo in Deum.

nuestra rebeldía, nuestra frivolidad, puede ver cómo nos alejamos de Él, pero somos siempre suyos, y no va detrás de nosotros con piedras y palos, no hace como un padre energúmeno que alcanza al hijo que se le ha soltado de la mano, para traerlo de nuevo a empujones y jalones de orejas. Nuestro Dios nos llama con silbidos cariñosos, esos llamados suaves que escuchan los sencillos, los que saben quedarse en silencio y escuchar su corazón, la voz de la conciencia donde siempre está Dios buscando y esperando; desde ahí, desde la profundidad de nuestro propio ser nos llama y espera, respetando amorosamente la libertad de nuestra respuesta.

Al contemplar esa mansedumbre, esa paciencia de Dios con nosotros, no podemos sino agradecer de todo corazón su benevolencia y descubrir que la caridad —esencia de la vida cristiana—, derramada por el Espíritu Santo en nuestras almas como participación en la Vida divina, ha de tener en consecuencia el brillo de la paciencia, como escribe san Pablo: «La caridad es paciente, la caridad es benigna..., todo lo soporta» (1Cor 13,4-7).

«Fijemos nuestros ojos en Cristo paciente en Getsemaní (...). No fue la suya tan solo una aflicción de acompañamiento: sufrió con nosotros y por nosotros, asumiendo nuestro dolor personal. En ese tiempo de vigilia (en el Huerto de los Olivos) manifestó claramente cómo nos quiere. Al considerar la historia de los santos, remueve su determinación de no quejarse si los trataban como a Él; y por esas vejaciones, que aceptaron generosa y gustosamente, cantan al mundo de todos los tiempos su enamoramiento real de Dios. Infinitamente más que esto operó el Maestro: no soportó algunos aspectos de nuestro dolor, lo acogió entero, con plenitud»[5].

Sigamos el ejemplo de Cristo Señor nuestro. Para eso se ha hecho hombre, para que aprendamos de Él, que nos acostumbremos a ponernos delante de él como frente a un espejo, y preguntarnos cómo actuaría Él en esas circunstancias. Muchas veces bastará cerrar los ojos, cuando estemos siendo presas de la impaciencia, y representarnos la imagen de Nuestro Señor Jesucristo, Cristo paciente, Cristo sufriente, Cristo callado, Cristo amoroso, que sabe ser fuerte para sufrir con amor por nosotros. Notaremos la acción de su gracia para ser pacientes como Él, y le pediremos que nos conceda crecer cada vez más en esta bella virtud, que brilla en su vida terrena, desde Belén hasta el Calvario.

La paciencia en la oración

«Un lugar primero y esencial de aprendizaje de la esperanza es la oración. Cuando ya nadie me escucha, Dios todavía me escucha. Cuando ya no puedo hablar con ninguno, ni invocar a nadie, siempre puedo hablar con Dios. Si ya no hay nadie que pueda ayudarme —cuando se trata de una necesidad o de una expectativa que supera la capacidad humana de esperar—, Él puede ayudarme. Si me veo relegado a la extrema soledad...; el que reza nunca está totalmente solo»[6].

Muchos salmos son la expresión del pueblo y del hombre que, ante la desgracia, el peligro y el miedo,

---

[5] Javier Echevarría, *Getsemaní*, Cap. III, n. 6, Ed. Planeta, 2005, p. 137s.
[6] Benedicto XVI, *Spes salvi*, n. 32.

levanta su grito a Dios confiando en ser escuchado: *De profundis clamavi a te Domine; Domine exaudi vocem meam. Fiant aures tuae intendentes in vocem deprecationis meae!...* —Desde el abismo clamo a ti Señor; Señor, escucha mi voz; ¡atiendan tus oídos a la voz de mi súplica! (Salmo 129).

El hombre necesitado, atribulado, recurre naturalmente a la oración. Tiende a dirigirse a su Creador, a Aquel que es capaz de rescatarlo; en los momentos de dificultad surge espontáneo levantar la mirada y suplicar a Dios que pase la prueba, que los peligros se alejen, que se haga la luz en medio de las tinieblas, que vuelva la paz en la tormenta.

Sin embargo, con la oración no siempre obtenemos lo que pedimos de inmediato, porque Dios sabe más, y porque quiere darnos siempre mucho más. A veces no recibimos lo que pedimos porque no sabemos pedir lo que nos conviene, y otras porque Dios quiere concedernos precisamente un bien que pocas veces reconocemos como tal: la perseverancia en la oración. Quiere que sigamos pidiendo para hacer crecer nuestra fe, porque nos viene muy bien pasar largas temporadas rezando por alguna intención, porque nuestras pasiones desordenadas y nuestras ambiciones terrenas se ven aplacadas cuando nos encontramos en estado de indigencia. En esas ocasiones, los bienes espirituales recibidos adquieren un valor particular. Nos damos cuenta quizá con el tiempo, que aquella temporada de penuria, de enfermedad, de incertidumbre, fue una ocasión maravillosa para aprender a rezar y a confiar.

No dejemos nunca la oración. Rezar con paciencia perseverante es en muchas ocasiones el arma más eficaz, la solución definitiva, el camino más directo para conseguir la salvación anhelada: «Pidan y se les dará; busquen y encontrarán; llamen y se les abrirá. Porque todo el que pide, recibe; y el que busca, encuentra; y al que llama, se le abrirá» (Mt 7, 7-8). Entre los montañistas hay una frase que se repite con frecuencia en las ascensiones, sobre todo cuando el cansancio amenaza convertirse en desaliento: *cuando estés a punto de abandonar el esfuerzo, piensa que nunca antes como entonces has estado tan cerca de llegar la cima.* Cuando nos cansamos de rezar, deberíamos recordar que nunca antes como entonces estamos tan cerca de recibir lo que pedimos... y mucho, ¡mucho más!

La mujer cananea que insistía con tanta perseverancia que Jesucristo liberara a su hija de un espíritu maligno que la poseía (cfr. Mt 15, 21-28), tuvo que vencer el obstáculo de la aparente frialdad del Señor, la incomodidad de los presentes, el cansancio de insistir, pero al final Jesús le concede por su fe lo que pedía. Si el Señor le hubiera concedido de inmediato lo que solicitaba, se hubiera alejado corriendo, feliz, celebrando la sanación de su hija, pero Jesús no hubiera sido en su vida alguien más que un taumaturgo poderoso y eficaz. En cambio, su paciencia, su perseverancia, le consiguió la salud para su hija y la luz de la fe para su propia alma. Se acerca a Jesús como una persona despreciada, marginada por el pueblo de Israel, y vuelve convertida en una cristiana: miembro del nuevo pueblo elegido que Jesucristo vino a formar. Esta mujer nos enseña que la fe en Jesucristo, la constancia en la oración, debe vencer todos los obstáculos, incluso la indignidad personal, porque tras la petición confiada y paciente se reciben grandes regalos: «No desmayes: por indigna que sea la persona, por imperfecta que resulte la oración, si esta se alza humilde y perseverante, Dios la escucha siempre»[7].

Cuando rezamos, «cuando nos tomamos nuestro tiempo para la oración, a veces transcurre de manera muy agradable, aunque no siempre es así. Cuando se está ante el Santo Sacramento durante media hora o una hora, a veces el momento es muy hermoso, muy agradable; se puede sentir una gran felicidad, una felicidad que no pertenece a este mundo; pero se puede vivir asimismo como un momento aburrido, en el que el tiempo pasa lentamente... Se pueden encontrar muchas pobrezas, distracciones, ¡pues cuando uno está solo ante Dios misericordioso en el silencio es cuando reaparecen todos los problemas! Los recuerdos del pasado, la incertidumbre por el futuro, todo lo que no va en nuestra vida, todo lo que nos altera, todo eso aflora a la superficie. No tiene nada de agradable, pero es necesario perseverar, y tarde o temprano sucederá algo muy hermoso...

»Si somos fieles, poco a poco se nos dará la paz, porque Dios es un océano de paz, y Él nos la comunicará. Se da un trabajo de reconciliación consigo mismo, uno de los frutos de la plegaria.

»Puede establecerse una pequeña comparación para explicar aquello que recibe quien es fiel a la oración, día tras día, semana a semana. Es como aquel que tiene un pozo en su jardín, un pozo tapado. Sobre el pozo hay ramas, hojas, piedras, barro, pero en el fondo está el agua, un agua muy pura. Orar es esto: aceptar

---

[7] San Josemaría Escrivá, *Surco*, n. 468.

con paciencia para profundizar en el pozo. Lo que sale primero son precisamente el barro, la suciedad: nuestras miserias, preocupaciones, miedos, nuestras culpas y todo lo que se quiera. Todo esto emerge, todo lo que habitualmente intentamos evitar. Son muchos los que huyen de sí mismos. ¡Existe un miedo insuperable al silencio actualmente!... al principio no es agradable ya que me enfrento a mis límites y pobrezas humanas, pero si persevero terminaré agotando la fuente. Descubro con felicidad que en lo profundo de mi corazón habita una fuerza muy pura, la presencia de Dios que reside en mí. Aunque sea un pobre pecador, al adentrarme en lo más profundo de mi corazón mediante la plegaria, encuentro pureza, claridad. Solo la plegaria permite acceder hasta lo más profundo del corazón»[8].

Efectivamente, la perseverancia en la oración obtiene respuesta por parte de Dios y produce en el alma efectos asombrosos, comenzamos a ser más conscientes de quiénes es Él y quiénes somos nosotros. Vamos poco a poco notando una transformación interior, de manera que percibimos que aquellas reacciones tan destempladas, esos nerviosismos, impaciencias, resultado de un modo de ser tan arraigado, comienzan a ceder terreno y a disolverse por la acción de la gracia divina en nosotros. Son esas perfecciones que son plasmadas por Dios en el alma, como primicias de la gloria eterna[9] y que la tradición de la Iglesia ha llamado "frutos del Espíritu Santo": «Caridad, gozo, paz, paciencia, longanimidad, bondad, benignidad,

---

[8] Jacques Philippe, *La confianza en Dios*, cap. IV.
[9] Cfr. Compendio del Catecismo de la Iglesia Católica, n. 390.

mansedumbre, fidelidad, modestia, continencia y castidad» (Gal 5, 22-23). Si la paciencia es ya un fruto, podemos decir también que son muchos los frutos de la paciencia, y el más precioso de todos es la fidelidad al amor de Dios, la perseverancia alegre en el camino de santidad cristiana.

¡Qué grande es esta virtud! Así lo ha sido para los santos, como santa Catalina de Siena, para quien la paciencia es la piedra de toque del amor a Dios, pues la representa como el núcleo de la caridad, de modo que no puede haber una sin la otra. Como consecuencia, entre todas las virtudes, esta es la más necesaria: «¡Oh verdadera y dulce paciencia que eres la virtud nunca vencida y siempre victoriosa! Solo tú demuestras si el alma ama o no a su creador; nos das la esperanza de la gracia; arrojas del corazón el odio y el rencor; quitas el disgusto con el prójimo; y libras al alma del castigo. Por ti se hacen ligeros los grandes pesos de las muchas tribulaciones; en ti, paciencia, virtud regia, adquirida con el recuerdo de la sangre de Cristo crucificado, obtenemos la vida»[10].

La paciencia, virtud de los fuertes

A primera vista la paciencia nos puede parecer una cualidad propia de personas pasivas, de carácter más bien secundario y temperamento flemático. Pensamos que para ser paciente se requiere ser un tanto escéptico o despreocupado. La realidad es otra. La paciencia no es pasividad. Es verdad que la paciencia otorga esa capacidad de esperar el bien deseado

---

[10] Santa Catalina de Siena, *Epistolario*, Carta 151.

cuando este tarda en llegar, pero también es hermana de la perseverancia, en el sentido de que es necesaria para acometer y perseguir objetivos a largo plazo a pesar de las adversidades que se van encontrando en el camino. Para ser paciente se requiere un alma dispuesta a permanecer vigilante, despierta, porque se sabe en medio de una batalla. La paciencia es también una característica propia de personalidades fuertes, decididas a conseguir las metas que se han propuesto y a proteger los valores que han optado preservar.

La paciencia es parte de la virtud cardinal de la fortaleza. Desde los primeros tiempos de la Iglesia los cristianos supieron valorarla, cuando la veían resplandecer especialmente en los mártires, capaces de soportar grandes tormentos, porque veían detrás de esos sufrimientos el amor de Dios que les esperaba. En efecto, el amor de Dios es objeto y al mismo tiempo móvil de los cristianos que saben sufrir heroicamente. San Agustín, en su tratado sobre la paciencia, la describe como «un don tan grande de Dios, que debe ser proclamada como una huella suya, que reside en nosotros»[11].

La paciencia es, pues, una característica divina: «Este es el distintivo de Dios: Él mismo es Amor. ¡Cuántas veces desearíamos que Dios se mostrara más fuerte! Que actuara duramente, derrotara el mal y creara un mundo mejor. Todas las ideologías del poder se justifican así, justifican la destrucción de lo que se opondría al progreso y a la liberación de la humanidad. Nosotros sufrimos por la paciencia de Dios. Y, no obstante, todos necesitamos su paciencia. El Dios, que

11 Cfr. San Agustín, *De patientia*, n. 1.

se ha hecho cordero, nos dice que el mundo se salva por el Crucificado y no por los crucificadores. El mundo es redimido por la paciencia de Dios y destruido por la impaciencia de los hombres»[12].

La paciencia debería lucir en los cristianos que cultivan la vida de la gracia, pues es la misma vida divina con la que comulgamos al procurar estar cerca de Dios, especialmente a través de la oración y de los sacramentos. La vida de Dios se manifiesta en la fortaleza que nos hace capaces de sufrir en silencio, de sobrellevar las contrariedades que se desprenden del cansancio, de las injusticias, como el mismo Jesucristo lo sufrió. Pero también se manifiesta en los pequeños vencimientos de la vida ordinaria. No cabe duda que nuestra fortaleza es prestada, porque viene de Dios, pero es nuestra, porque actúa en nuestro ser, en la realidad propia de cada uno. Muchas consecuencias prácticas podemos deducir, si consideramos que la fortaleza es virtud cardinal y don del Espíritu Santo, presente en nuestras almas cuando estamos en gracia de Dios.

Un ejemplo ordinario, es el hecho que siempre llama la atención, que en los meses de enero y febrero los parques públicos y gimnasios gozan del mayor número de personas que los frecuentan. Definitivamente, el inicio de un año es un buen momento para hacer buenos propósitos y emprender los medios para bajar de peso, para ponerse en buena forma física, adquirir rendimiento deportivo. Quien no ve los resultados esperados en las primeras semanas, y considera el

---

[12] Benedicto XVI, Homilía en el solemne inicio del ministerio petrino, Roma, 24 de abril de 2005.

esfuerzo que le ha costado, comienza a perder la esperanza, es fácil que caiga en el desaliento. Esta es una forma de impaciencia, que opta por abandonar el esfuerzo prolongado, y buscar los resultados por otra vía más fácil, más corta, menos sacrificada. El problema es que por estos caminos no se consiguen los grandes ideales. La virtud de la paciencia nos previene ante la tentación del desánimo, del abandono, que puede ensombrecer el alma y dejarla a merced de los deseos más bajos.

En la vida espiritual, donde los propósitos son más importantes y determinan nuestra verdadera felicidad, es necesaria con mayor razón la fortaleza para perseverar. Lo dice magistralmente san Efrén: «Velad, pues cuando el cuerpo duerme, es la naturaleza quien nos domina; y nuestra actividad entonces no está dirigida por la voluntad, sino por los impulsos de la naturaleza. Y cuando reina sobre el alma un pesado sopor —por ejemplo, la pusilanimidad o la melancolía—, es el enemigo quien domina al alma y la conduce contra su propio gusto. Se adueña del cuerpo la fuerza de la naturaleza, y del alma el enemigo. Por eso ha hablado nuestro Señor de la vigilancia del alma y del cuerpo, para que el cuerpo no caiga en un pesado sopor ni el alma en el entorpecimiento y el temor, como dice la Escritura: *Sacudíos la modorra, como es razón*; y también: *No os acobardéis*»[13].

Hay que reconocer que cuando nos mostramos impacientes, estamos demostrando falta de fortaleza. Para algunos, reaccionar con exabruptos, enfados

---

[13] San Efrén diácono, *Ex Commentario in Diatessaron*, Cap. 18, 15-17.

y gritos es señal de tener un "carácter demasiado fuerte"; en realidad no es así. Las impaciencias son resultado de haber cedido en una tentación, consecuencia de una debilidad patente. Para ser pacientes, se requiere lucha; y en esta contienda hay que entender un poco los mecanismos de la impaciencia, para identificar sus causas y poder afrontarla con eficacia, como quien estudia los movimientos del rival para ser capaz de ofrecer la debida resistencia, y eventualmente atacarlo con posibilidades de éxito. Con nuestro esfuerzo y la ayuda de Dios, podemos llegar a ser fuertes, para ser capaces de ser pacientes.

Por eso la fortaleza que hemos de buscar no es aquella que se dibuja externamente como característica propia de los poderosos y dominadores. En este sentido, «más vale el tardo a la ira que el fuerte, y quien domina su ánimo que quien toma una ciudad» (Prov 16, 32). «Efectivamente —comenta san Gregorio Magno— la victoria sobre ciudades es algo de menos importancia, porque lo que se somete es algo externo. En cambio, mucho mejor es que el alma se conquiste y se someta a sí misma, cuando la paciencia la lleva a dominarse en su interior»[14].

In patientia vestra possidebitis animas vestras (Lc 21, 19), enseña el Señor a sus discípulos después de haberles anunciado que tendrán que afrontar persecuciones y contrariedades a causa de su nombre: por su paciencia poseerán sus almas y las conservarán para la vida eterna. «Nosotros poseemos el alma con la paciencia porque, aprendiendo a dominarnos

---

[14] S. Gregorio Magno, *Regula pastoralis* 3, 9.

a nosotros mismos, comenzamos a poseer aquello que somos»[15]. Ya ahora, en efecto, somos hijos de Dios y herederos de la vida eterna que el Señor ha prometido a quienes le siguen llevando la Cruz (cfr. 1Jn 3, 1-2; Lc 9, 23-24). Por eso, «nos gloriamos en las tribulaciones, sabiendo que la tribulación produce la paciencia; la paciencia, la virtud probada; la virtud probada, la esperanza; esperanza que no defrauda, porque el amor de Dios ha sido difundido en nuestros corazones por medio del Espíritu Santo que se nos ha dado» (Rom 5, 3-5).

La paciencia fruto de la humildad

«Entre las personas muy mayores las hay quienes están permanentemente descontentas con su suerte, que únicamente se ocupan de obtener por la fuerza o con astucia cuantas pequeñas satisfacciones les sean posibles, y que se convierten por tanto en una tortura para sí mismas, y todavía más para quienes les rodean, lo que en definitiva las hace feas y sin sustancia. Pero también hay personas seniles de otro tipo: conocerlas es una bendición. En ellas se ha remansado una larga vida. Han hecho su trabajo, han dado amor, han pasado por el sufrimiento que les ha tocado, pero todas esas realidades están todavía ahí en su rostro, en sus manos, en su actitud y siguen hablándonos con su vieja voz. Este es un logro de esas personas mismas: gracias a su aceptación siempre renovada de lo que no se puede cambiar, a la bondad que sabe que también los demás cuentan y que intenta hacerles la vida más fácil, al convencimiento de que perdonar es más valioso que

---

[15] San Gregorio Magno, *Homiliae in Evangelia*, 2, 35, 4.

querer tener siempre razón y la paciencia más fuerte que la violencia, y a que han comprendido que una vida callada es más profunda que la altisonante»[16].

Decíamos que la paciencia tiene mucho que ver con la sabiduría. Esa capacidad de ver la verdad profunda de las cosas, de las personas, de las circunstancias; las causas y las consecuencias de los sucesos que ocurren a nuestro alrededor y que continuamente inciden sobre nosotros. Esa circunspección, ese saber situarse en la realidad de las cosas, ese saber estar en el contexto de nuestra propia existencia, es la base de la humildad. *La humildad es la verdad*, decía santa Teresa de Ávila.

Cuando intentamos ver nuestra vida a la luz de la fe y consideramos quiénes somos, de dónde venimos y cuál es nuestro destino, es más fácil entender y aceptar la realidad. Es más fácil ser paciente, porque hay una convicción que está en la base de todo nuestro actuar: soy criatura, tengo límites, y al mismo tiempo soy amado y soy llamado a una plenitud.

Es momento de convencernos que no todo depende de nosotros. En mucha literatura moderna de autoayuda y discursos motivacionales se ha caído en el tópico cada vez más agobiante de recordarnos con insistencia de que eres tú y solo tú, quien tiene las riendas de tu vida, que solo de ti depende que seas feliz, que puedes cumplir tus sueños y cambiar el mundo casi con solo desearlo. Pero es falso. El mundo depende de Dios, no de nosotros. Solo Él es el Dueño de las almas y el Señor de la Historia. Nosotros colaboramos con

[16] Romano Guardini, *Las etapas de la vida*, Ed. Cristiandad, 1983, p. 39.

Él con nuestros afanes y le ayudamos hasta dónde llegan nuestras fuerzas, que siempre son pocas. Ser conscientes de esto nos ayudará a ser más humildes y más capaces de esperar que sea Dios quien tome las riendas de nuestras vidas y permitir que sea Él quien nos auxilie en la tribulación y nos libre de lo que nos hace sufrir.

Al orar debemos confiar en que Dios sabe más, y fruto de la oración misma es la capacidad de abandonarnos a su providencia, especialmente cuando atravesamos por alguna amargura, una pena física o moral. Rezar y confiar: «Ciertamente, en aquellas tribulaciones que pueden ocasionarnos provecho o daño no sabemos cómo debemos orar; pues como dichas tribulaciones nos resultan duras y molestas y van contra nuestra débil naturaleza, todos coincidimos naturalmente en pedir que se alejen de nosotros. Pero, por el amor que nuestro Dios y Señor nos tiene, no debemos pensar que si no aparta de nosotros aquellos contratiempos es porque nos olvida; sino más bien, por la paciente tolerancia de estos males, esperemos obtener bienes mayores...; por tanto, si algo acontece en contra de lo que hemos pedido, tolerémoslo con paciencia y demos gracias a Dios por todo, sin dudar en lo más mínimo de que lo que más conviene a nosotros es lo que acaece según la voluntad de Dios y no según la nuestra»[17].

Así pues, aceptando su voluntad y encontrando la unión con Dios precisamente en la tribulación, hallaremos más paz que procurando por todos los medios alejar de nosotros el dolor. «Vengan a mí todos los fatigados y agobiados, y yo los aliviaré. Tomen

---

[17] San Agustín, *ad Probam*, Epístola 130, 14.

mi yugo sobre ustedes y aprendan de mí, que soy manso y humilde de corazón, y encontrarán descanso para sus almas» (Mt 11, 28-29). Jesús nos enseña que la paciencia tiene una relación muy estrecha con la mansedumbre y la humildad, se encuentra en la fe y en la humildad de quien reconoce el misterio de Dios y se fía de Él. San Josemaría Escrivá, fundador del Opus Dei, fundamentaba su vida espiritual en la conciencia de su filiación divina, y así enseñó a millares de almas, a considerar frecuentemente esa realidad de ser hijos muy amados de un Padre amoroso. Esta conciencia está en la base de la paciencia, porque cuando se va profundizando en ella, y se vuelve una convicción, nos lleva a vivir vida de fe en la Providencia y facilita la entrega serena y alegre a su divina voluntad.

Estamos llamados a la felicidad de participar de esa filiación que se da en Cristo de manera perfecta y en nosotros de manera incipiente, pero que puede ir creciendo cada día hasta alcanzar la plenitud de los hijos de Dios. Lo que amenaza muchas veces nuestra paciencia son las circunstancias que se oponen a alcanzar esa felicidad, esa plenitud a la que hemos sido llamados y que late en nuestro interior.

Hace falta la humildad, sin embargo, para darse cuenta y aceptar que muchas veces las cosas tan tremendas que nos suceden y nos hacen perder la paz, han sido causadas por nosotros mismos. No siempre son amenazas externas, sino que el mal que anida en nosotros es la causa de muchas de nuestras frustraciones. No nos quejemos con Dios de lo que nos pasa, no lo culpemos de nuestras desventuras, has sido tú, he sido yo. Nos cuesta, pero tenemos que reconocerlo: he sido yo, quien tomó la decisión equivocada; he sido yo, quien habló de más; he sido yo, quien no supo comunicar a tiempo y provocó tal o cual malentendido, he sido yo...

El alma humilde piensa primero en lo que personalmente tiene de responsabilidad y como somos más proclives a perdonarnos a nosotros mismos, adquirimos la capacidad de aceptar con más paciencia los errores de los demás. Por eso, se entiende bien lo que dice san Josemaría Escrivá: «Conforme: aquella persona ha sido mala contigo. —Pero, ¿no has sido tú peor con Dios?»[18]. Y también: «¿Te riñen? —No te enfades, como te aconseja la soberbia. —Piensa: ¡qué caridad tienen conmigo! ¡lo que se habrán callado!»[19].

No vayamos tan deprisa a acusar a otros, si antes no hemos hecho un examen de conciencia personal. Esto es lo que san Agustín enseñaba cuando decía aquello de que «los hombres sin remedio son aquellos que dejan de atender a sus propios pecados para fijarse en los de los demás. No buscan lo que hay que corregir, sino en qué pueden morder. Y, al no poderse excusar a sí mismos, están siempre dispuestos a acusar a los demás. No es así como nos enseña el salmo a orar y dar a Dios satisfacción, ya que dice: *Pues yo reconozco mi culpa, tengo siempre presente mi pecado*. El que así ora no atiende a los pecados ajenos, sino que se examina a sí mismo, y no de manera superficial, como quien palpa, sino profundizando en su interior. No se perdona a sí mismo, y por esto precisamente puede atreverse a pedir perdón»[20].

---

[18] San Josemaría Escrivá, *Camino*, n. 686.

[19] San Josemaría Escrivá, *Camino*, n. 698.

[20] San Agustín, Sermón 19, 2-3.

Con razón san Josemaría Escrivá enseñaba también que la soberbia es el enemigo más insidioso y nocivo, que hace falta detectar y combatir. Es un arte que el alma humilde desarrolla en su vida, el de detectar la presencia insidiosa de la soberbia. *Ahí está la soberbia*, deberíamos decir cuando comenzáramos a perder la paciencia; no es esa persona, no es esa situación, es mi soberbia, que se rebela y no quiere más trabajo, que no quiere que yo pase inadvertido, que no quiere que se me considere menos que a los demás, la soberbia que se revuelve ante la realidad de mis límites, de mis miserias, de mis debilidades, que no quiere aceptar la realidad imperfecta tal cual es, que no quiere *dar su brazo a torcer*; la soberbia salta con frecuencia, y lo hace en forma de impaciencia. Hay que aprender ese arte de desenmascararla en sus primeras manifestaciones, detectar sus primeros movimientos, para descubrirla y asestarle un golpe decidido, de otra manera la dejaremos levantarse como una serpiente de veneno mortal. O la matamos nosotros, o nos mata ella.

El ejemplo de san José

Pero también es necesaria la virtud de la humildad para llevar con serenidad las dificultades, humillaciones, injusticias que podemos sufrir pasivamente sin culpa nuestra. La paciencia entonces brilla como fruto sabroso en las personas que luchan por ser humildes. Qué ejemplo tan maravilloso el de san José, el santo Patriarca que el Evangelio exalta con tan pocas palabras, sobre todo por su humildad y su paciencia. Podemos preguntarnos, al contemplar la vida de José, de dónde sacó esa capacidad para llevar con mansedumbre y tan pacientemente el encargo recibido por Dios de ser esposo de María y padre putativo de Jesucristo, debiendo superar todo tipo de peligros y amenazas exteriores, así como temores, incertidumbres, y dudas tormentosas en su corazón: conocer que su mujer estaba encinta sin haber habitado aún con ella, el deber afrontar la penosa tarea de preparar un lugar propio de animales para que su esposa diera a luz, tener que huir de su patria, dejando atrás costumbres, oficio y patrimonio, ser perseguido y fugitivo en un país extranjero... «Quédate allí hasta que *yo te avise*, porque Herodes va a buscar al niño para matarlo» (Mt 2, 13), le había dicho el ángel. Qué fortaleza y paciencia se requiere para estar ahí, en una situación de provisionalidad, en la zozobra de un peligro inminente. Qué confianza en la Providencia para mantener la serenidad y la paciencia en esas circunstancias: «Quédate ahí, hasta que yo te diga»... ¿seremos capaces nosotros de confiar así y saber esperar con paciencia en vez de salir corriendo llevados por el nerviosismo a buscarnos la vida como si todo dependiera de nosotros, y no de nuestro Padre Dios? Con razón se ha dicho de san José que es el santo del *encogimiento de hombros*, porque en vez de quejarse, enfrentarse con Dios y rebelarse, supo confiar, aceptar los designios divinos con maravillosa humildad.

Lo que sostuvo a san José para llevar con heroica paciencia todas esas penalidades, fue un profundo sentido de ser *deudor* de Dios. Un hombre que había recibido nada menos que a la mujer más hermosa y santa del mundo como esposa y al Mesías esperado, el Unigénito del Padre, como hijo suyo. Eran bienes tan grandes, que José nunca perdió de vista la magnitud de esos dones y la indignidad de su condición, por muy santa y virtuosa que fuera: esta es su gran humildad.

Cuánto nos ayudaría a nosotros también ser más conscientes de los bienes que se nos han dado, porque como cristianos también hemos recibido a María como Madre nuestra, a Jesús como nuestro Redentor y alimento cotidiano en la Eucaristía; ser agradecidos por nuestra misma vida, nuestras cualidades, talentos que Dios espera ver fructificar, nuestra familia, las satisfacciones cotidianas que han llenado de felicidad nuestros días y la vocación alta a la bienaventuranza a la que estamos llamados. Qué bien nos vendría sentirnos también deudores de Dios, porque quien tiene una deuda enorme que pagar y no sabe cómo, todo lo puede sufrir y le parece poco: *ten paciencia conmigo, y te lo pagaré todo* (Mt 18, 29), es la súplica del hombre deudor y es también la oración del que sabe que todo lo puede sufrir con la misma paciencia que espera de su acreedor.

ALEGRES EN LA ESPERANZA

... alegres en la esperanza, pacientes en la tribulación; constantes en la oración (Rom 12, 12).

La experiencia del mal, del sufrimiento, de las tentaciones y el peso de los propios defectos, nos lleva a darnos cuenta de la necesidad que tenemos de fomentar la virtud teologal de la esperanza, por la que confiamos recibir los dones necesarios para llegar a la plenitud humana y sobrenatural. Todos percibimos en momentos más o menos claros, las personas que somos y las personas que debemos ser; notamos en nuestra vida el peso de las contrariedades, los obstáculos que hemos de superar, las fuerzas contrarias de las tendencias desordenadas, que impiden que se cumplan los anhelos que en nuestro interior brillan como una meta donde vemos que se encuentra la felicidad. La esperanza trae consigo la virtud de la paciencia para no caer en el desánimo y perseverar en la confianza de que serán realidad en nuestras vidas esos ideales de bondad, armonía y plenitud.

La paciencia en las contrariedades cotidianas

Las contrariedades de la vida cotidiana suelen ser los campos de batalla más frecuentes donde se tiene ocasión de ejercitar la virtud de la paciencia: los cambios de planes, el tránsito de las grandes metrópolis, las filas en las dependencias burocráticas, las esperas en los consultorios, los roces de carácter con conocidos y desconocidos, faltas de comunicación que provocan retrasos y malos entendidos, pequeñas humillaciones, fracasos, malos tratos... Son las adversidades, quizá no muy trascendentales, que nos llevan a reaccionar a veces con falta de paz. Debemos darnos cuenta de que precisamente ahí nos espera el Señor; en esos pequeños sucesos se ha de poner en práctica la paciencia, manifestación del ánimo fuerte de un cristiano que ha aprendido a santificar todas las menudas incidencias de un día cualquiera.

No cabe duda de que la paciencia es *la forma cotidiana del amor*, porque en la cotidianidad paciente manifestamos el grado de cariño, un amor verdadero que es capaz de sacrificarse por los demás: paciencia para mantener el tono de amabilidad cristiana, la sonrisa, hacer prevalecer en el ambiente la armonía, en vez del enfado por nuestras pequeñas frustraciones.

Una característica que encontramos con frecuencia en las personas capaces de mantener la calma en medio de tantas pequeñas contrariedades cotidianas es el buen humor. Digamos que, para ser pacientes, necesitamos de la alegría. Es una meta atractiva por la que vale la pena esforzarse: llegar a ser personas habitualmente alegres. Encontramos personalidades que por su temperamento son más proclives a ver las cosas con buen humor y deben luchar para no perderlo, otras necesitan esforzarse por adquirir la sonrisa e intentar ver las cosas de cada día con menos dramatismo; en ambos casos, no se trata solo de fuerza de voluntad: es también una gracia de Dios, que se consigue rezando. «Rezamos para que vivan de una manera digna del Señor, agradándole en todo, dando como fruto toda clase de obras buenas y creciendo en el conocimiento de Dios. Así serán fortalecidos con toda la fuerza propia de su glorioso poder para tener en todo paciencia y longanimidad, con alegría, dando gracias al Padre, que los hizo dignos de participar en la herencia de los santos en la luz» (Col 1, 10-12).

Se dice del beato Raimundo de Capua, director espiritual y biógrafo de santa Catalina de Siena, que al final de su vida, cuando se le preguntaba cómo hacía para mantener la serenidad cuando las cargas como superior de la Orden de los Predicadores eran más bien como para vivir abrumado, respondía: *Ah... quando il cuore è contento, tutto è facile!* Cuando el corazón está contento, ¡todo es fácil! Es verdad, para ser pacientes, para sobrellevar con más ligereza las cargas que la vida nos impone y para enfrentar sin agobios las dificultades, necesitamos del buen humor, ser personas habitualmente alegres.

Se cuenta del papa Sixto V, pontífice del siglo XVI, que quiso meter en cintura a los cardenales que vivían más bien en un ambiente de relajación que en el del cumplimiento esforzado de su deber. Estos se disgustaron mucho y traían con frecuencia a la mente que Félix Peretti (así se llamaba el papa) había sido de pequeño cuidador de cerdos. Unos padres franciscanos lo encontraron leyendo el catecismo mientras vigilaba sus animales y, habiéndole preguntado qué deseaba ser, respondió que «un hombre de Dios». Los religiosos se lo llevaron y le costearon los estudios, y por propio esfuerzo llegó a los más altos cargos eclesiásticos. Disgustaba a los cardenales que un antiguo cuidador de cerdos los mandara a ellos, pertenecientes a nobles familias (en ese tiempo los cardenales se elegían entre las gentes de las familias más influyentes, y no siempre más ejemplares). Por ello mandaron pintar un cuadro del papa Sixto, en medio de una docena de cerdos.

El papa vio el cuadro y, en vez de molestarse por el atrevimiento, sonrió amablemente y mandó al pintor que a cada cerdo le pusiera un vestido de cardenal. Saber reírse de las contrariedades, es fundamental para sobrellevarlas con paciencia.

Busquemos pues, esa alegría. La verdadera alegría que nos hará sonreír habitualmente e incluso reír de nosotros mismos. ¡Qué sano es aprender a reírse de uno mismo!, porque a todos con frecuencia nos acecha el fatalismo. El cansancio o el fracaso, amplificado por la soberbia, nos puede nublar el panorama y hacernos acentuar lo negativo de lo que nos ocurre, de lo que sufrimos o de los modos de ser de los demás.

El apóstol Santiago exhorta de esta manera a los primeros cristianos: «Hermanos míos, tengan por sumo gozo cuando se hallen en diversas pruebas, sabiendo que la prueba de su fe produce paciencia» (Santiago 1, 2-3). Es llamativo cómo el Espíritu Santo nos anima a conquistar la paciencia no para alcanzar el remedio que nos inmunice del sufrimiento, sino la virtud que nos llevará a afrontar las dificultades con serenidad, incluso con alegría, con *sumo gozo*, dice.

Pidamos a Dios la verdadera alegría que nos haga sonreír de manera habitual, no aquella que se consigue apagando momentáneamente nuestros caprichos y necesidades más superficiales: regalos materiales, comidas exquisitas, celebraciones alienantes. «La alegría que debes tener no es esa que podríamos llamar fisiológica, de animal sano, sino otra sobrenatural, que procede de abandonar todo y abandonarte en los brazos amorosos de nuestro Padre-Dios»[1].

El cristiano que aprende a confiar en Dios y pone su vida a su servicio, es sembrador de alegría, y por eso es capaz de emprender y realizar cosas grandes con buen ánimo: *quando il cuore è contento, tutto è facile!* Por eso la alegría es uno de los más irresistibles poderes que hay en el mundo: calma, desarma, conquista, arrastra. El alma alegre es un apóstol: atrae a los hombres y los lleva a Dios, manifestándoles lo que en ella produce la presencia divina. Por eso el Espíritu Santo nos da este consejo: «Nunca se aflijan, porque la alegría en Dios es la fuerza de ustedes» (Ne 8, 10).

Con este ánimo, procuremos disfrutar las cosas buenas de la vida que Dios nos ha dado, alegrándonos en el Señor, alabando su bondad y su poder. «Esta unión con Dios hará que nuestras alegrías sean puras, seguras y soberanamente libres. Pero estas alegrías no son más que secundarias. Para el cristiano, la alegría fundamental es saber que Dios existe. ¡Dios existe! El Infinito, el Todopoderoso, la causa de todo lo que existe, la Verdad que anhela mi inteligencia, la Bondad que desea mi corazón, la Justicia y el Amor, ¡Dios existe y es todo esto! Y ese Dios es cercano, vive conmigo, está a mi lado, aún más, habita dentro de mí y es solidario con mis sentimientos. Sufre cuando sufro, se alegra cuando me alegro, no estoy nunca solo. Ese Dios que habita en mí es el Dios de Jesucristo, que se conoce y se ama. Es uno y son tres personas: el Padre, el Verbo y el Espíritu Santo, que se aman con un amor

---

[1] San Josemaría Escrivá, *Camino*, n. 659.

sin medida: son inmensamente felices, y ¡me llaman a compartir con ellos esa Vida de felicidad! A estas alegrías deberíamos referir todas las demás (...). Saber esto, es para el cristiano la fuente de una alegría sin fin y la mayor de todas. Alegrarse de que Dios es Dios, es un acto santo y sublime: es un gozo que arranca al alma de las miserias de la pobre vida humana para levantarla por encima de todo y hacerla entrar en la vida íntima de la Trinidad, en lo que san Pablo llama *las profundidades* de Dios (1 Cor 2, 10)»[2].

Intentemos afrontar las contrariedades de cada día viviendo sumergidos en Dios, mirando las cosas con visión de eternidad. Tenemos más capacidad de la que pensamos para sobreponernos al mal humor y a la impaciencia. Cuando nos encontremos atrapados en el tráfico, cuando tengamos que tratar con una persona difícil, esperar a que nos atiendan o escuchar a alguien que pide consuelo cuando tenemos prisa, recordemos que hay algo más grande que eso. Que vivimos y nos movemos en una realidad que está por encima de aquello que vemos como en dos dimensiones, con *la nariz pegada al muro*; consideremos que existe una *tercera dimensión* y que la prisa y la impaciencia es algo que nos puede cegar tremendamente y nos puede hacer perder la objetividad, acerca del valor y la belleza que tiene cada momento de nuestra vida.

Procuremos levantar la mirada, pedir al Espíritu Santo esa sabiduría, para ver más allá de lo que nos está ocurriendo. Ver con los ojos de Dios. Hace un tiempo un conocido me comentaba la experiencia que

---

[2] Vincent Bernadot, O.P., *De la Eucaristía a la Trinidad,* Cap. 3, Edibesa, Madrid, 2001, pp. 137-139.

había tenido al recibir a sus padres que venían desde otra ciudad. Tuvo que dedicarles una mañana entre semana para acompañarles al médico y ayudarles a realizar otras gestiones en una ciudad que ellos no conocían pero él sí. Pudo aprovechar la circunstancia para conversar con ellos después de unos cuantos meses sin verlos. En medio de la calle, un martes por la mañana, él tuvo que dejar la oficina para atenderles y pasar ese día con ellos. En un principio le costó, porque tenía muchos pendientes, pero mientras iba por la calle, miraba a la gente frenética, circulando de prisa, mientras él paseaba tranquilamente con sus padres. Pensó: «Con total seguridad estoy donde debo estar. Muy probablemente el día de mi muerte no pensaré: ¡oh, cuánto hubiera deseado dedicar dos horas más al trabajo de la oficina! En cambio, esto que estoy haciendo ahora, encontrarme en este lugar, dedicar una mañana a mis padres, pasear y conversar con ellos es un tesoro, es una dicha, y nunca me arrepentiré de haberlo hecho. Aunque en este momento me cueste dejar el apremiante y siempre abundante trabajo, esto lo valoraré por siempre». Sin duda fue así. No se equivocaba. Ahí se manifiesta esa sabiduría que nos permite ser pacientes, y ubicar la importancia de las cosas donde realmente se encuentra.

Pidamos a Dios esa capacidad de ver las cosas en tres dimensiones: «La gente tiene una visión plana, pegada a la tierra, de dos dimensiones. Cuando vivas vida sobrenatural obtendrás de Dios la tercera dimensión: la altura, el relieve, el peso y el volumen»[3]. El gran enemigo para adquirir esa perspectiva es, pues, la

---

[3] San Josemaría Escrivá, *Camino*, n. 279.

falta de vida interior, porque sin vida sobrenatural, sin oración, sin esa habitual disposición de entrar en la lógica divina, el sentido de las cosas no lo captamos, queda como flotando en el aire por encima de nuestras cabezas, y nos quedamos sin fundamento, llevados por el oleaje de un destino que no sabemos hacia dónde nos arrastrará, llevados por la prisa, la ansiedad, la impaciencia.

«Es difícil hoy en día, no dejarse atrapar por la fiebre malsana de la prisa. Todos tienen prisa, todos corren, como si los persiguiera una manada de hienas salvajes. Pero ¿a qué responde esta continua fuga? Es miedo, impaciencia, no querer ponerse a la escucha. Antes que afrontar el vacío, huyo. Con tal de no hacerle frente al silencio, salto. Para no detenerme y tratar de comprender cuál es el camino justo, cojo el primero que encuentro. ¿Hacia dónde va? ¡No importa!
Lo que importa es moverse, no dejarse atrapar por el desaliento de no estar en ninguna parte»[4].

La paciencia en las tentaciones

Antes dijimos que ceder a la impaciencia era consecuencia de haber caído en una tentación. Las tentaciones son insidiosas invitaciones provenientes del mundo, del demonio o de la propia concupiscencia, para optar por un bien que se nos presenta atractivo, pero que contiene un veneno. La tentación siempre se presenta como una ganancia, y resulta ser una mentira. Quien cede a la tentación del pecado experimenta la

---

[4] Susanna Tamaro, *Más fuego,* más viento, Ed. Seix Barral, Barcelona, 2009, p. 98.

sensación de haber sido engañado, de haber perdido la primogenitura por un plato de lentejas (cfr. Gen 25, 31-34). La tentación es la piedra de tropiezo para muchos, que acaban dando la espalda a Dios, dejándose engañar una y otra vez y acabando por engañarse a ellos mismos, por el placer de un momento, por la ambición del poder, el atractivo de las riquezas o las recompensas de la soberbia y la vanagloria.

Sin embargo, las tentaciones también son el campo de batalla para hacer triunfar la vida divina en nuestros corazones: «Bienaventurado el varón que soporta la tentación; porque cuando haya resistido la prueba, recibirá la corona de vida, que Dios ha prometido a los que le aman» (St 1, 12). Cada tentación es una invitación a recuperar nuestra grandeza, nuestra dignidad. Es la ocasión de ejercitar las virtudes teologales, fe, esperanza y caridad, y por tanto de crecer en madurez humana y cristiana. Precisamente, en la oración del Padrenuestro «pedimos a Dios Padre que no nos deje solos y a merced de la tentación. Pedimos al Espíritu saber discernir, por una parte, entre la prueba, que nos hace crecer en el bien, y la tentación, que conduce al pecado y a la muerte; y, por otra parte, entre ser tentado y consentir en la tentación. Esta petición nos une a Jesús que ha vencido la tentación con su oración. Pedimos la gracia de la vigilancia y de la perseverancia final»[5].

Puede haber temporadas en las que las tentaciones arrecian y provocan verdaderos terremotos interiores en las almas que buscan habitualmente agradar a Dios llevando una vida recta. Los cristianos somos personas

---

[5] Compendio del Catecismo de la Iglesia Católica, n. 596.

que luchamos: es lo ordinario, vivir peleando contra todo lo que nos aparta de Dios, y esa batalla en la que nos vemos cotidianamente envueltos, nos llena de paz, porque nos permite experimentar continuamente el poder de la gracia, y nos hace saborear la alegría de tener a Dios como el centro de nuestros afanes. Entendemos que para eso hemos sido creados, y que vale la pena vencer los obstáculos para conocer, amar y servir a Dios en esta vida y gozar de Él en la vida eterna.

Sin embargo, «muchas veces se esconde Dios en las tinieblas» (Salmo 17, 12). Se esconde en nuestros corazones y permite que seamos tentados, pero permanece siempre en nosotros. En la vida de santa Catalina de Siena encontramos un hecho fecundo en enseñanzas para nosotros a este respecto:

La santa había estado sometida a tentaciones impuras extremadamente humillantes y de una violencia inaudita. Pasada la tormenta aparece nuestro Señor:

—¡Señor! —exclama ella—, ¿dónde estabas cuando mi corazón estaba atormentado con tantas impurezas?

—Estaba en tu corazón.

—¡Ah, Señor! Tú eres la verdad misma, y me inclino ante tu Majestad. Pero ¿cómo puedo yo creer que estabas en mi corazón cuando estaba lleno de tan detestables pensamientos?

—Esos pensamientos y esas tentaciones ¿te causaban alegría o tristeza, placer o pena?

—Una gran tristeza, y una gran pena.

—Pues sabe, hija mía, que tú sufrías porque yo estaba escondido en medio de tu corazón. Si hubiera estado ausente, esos pensamientos te hubieran penetrado y alegrado, pero mi presencia te los hacía insoportables. Yo obraba en ti, yo defendía tu corazón contra el enemigo. Nunca he estado más cerca de ti[6].

El secreto de la victoria en la tentación no está en agitarnos, en rechazar directamente las sugestiones del Maligno, sino en adherirnos con toda nuestra voluntad a Cristo, que está presente en nuestro corazón, Él ya le ha vencido y está más interesado que nosotros mismos en salvar la vida que nos comunica. Quien sin turbarse permanece unido a Cristo, se refugia en Él y confía en Él, no podrá ser vencido. «Aunque acampen ejércitos contra mí no temblará mi corazón. Aunque me embistan en la batalla, entonces mismo mantendré yo firme mi esperanza. El Señor me tendrá escondido en su tabernáculo» (Salmo 26, 3-5).

Vivir en gracia de Dios, pues, es la primera condición para mantenerse sereno. Luego, la voluntad de mantener y cultivar esa vida de Dios en nosotros, mediante la unión confiada con Cristo a través de la oración y de la práctica frecuente de los sacramentos, en especial la Confesión y la Eucaristía. Esa unión es la salvación en la tentación, porque ningún poder es capaz de arrancar a Dios un alma sin que esta lo quiera: «¿Quién podrá separarnos del amor de Cristo?... En todas las pruebas triunfamos por virtud de Aquel que nos amó. Por lo cual estoy seguro de que ni la muerte, ni la vida, ni ángeles, ni principados... ni otra criatura alguna podrá separarnos del amor de Dios que se funda en Jesucristo nuestro Señor» (Rom 8, 35-39).

---

[6] Johannes Jörgensen, *Santa Catalina de Siena*, Fontis, Buenos Aires, 1979, p. 72.

Así de fuerte es esa unión con Cristo que se consigue con la oración y los sacramentos: «Entre todos los remedios para vencer las tentaciones, el más eficaz, el más necesario, el remedio de los remedios, es acudir a Dios con la oración y no cesar de rogarle mientras dura la tentación. A veces tendrá el Señor guardada la victoria no para la primera súplica, sino para la segunda, la tercera o la cuarta. Persuadámonos, finalmente, de que de la oración depende todo nuestro bien; de la oración depende nuestra mudanza de vida; de la oración depende la victoria de las tentaciones; de la oración depende el alcanzar el amor divino, la perfección, la perseverancia y la salvación eterna»[7].

Acostumbrémonos a acudir a Dios, a la intercesión de la Virgen Santísima, de los santos, de nuestro Ángel custodio. Sin la ayuda divina no tendremos fuerzas para resistir los asaltos de las tentaciones, y por esto el apóstol san Pablo nos exhorta a revestirnos de la *armadura de Dios* (cfr. Ef 6, 11-12); y ¿cuáles son estas armas? Son estas: «Orando con toda oración y súplica en todo tiempo, en espíritu, y para ello velando con toda perseverancia» (cfr. Ef 6, 18). Estas armas son la oración continua, paciente, y fervorosa a Dios. Dios escucha la oración de los que acuden a él en medio de la batalla. Dios nos socorre y no permite que seamos vencidos.

La salvación solo la podemos esperar del Señor. El pueblo de Israel esperó pacientemente, por generaciones, ser liberados de la opresión, del destierro y de la muerte, y esa salvación llegó. Ahora el Señor está cerca de nosotros y podemos decir con san Pablo que «hemos sido salvados por la esperanza (...), si

---

[7] San Alfonso María de Ligorio. *Práctica del amor a Jesucristo*. Cap. 17, 1.

esperamos lo que no vemos, lo aguardamos mediante la paciencia» (Rom 8, 25).

Ejercitando la paciencia ya estamos siendo rescatados. El alma que sabe confiar en Dios en medio de las pruebas ya está venciendo: «La paciencia de nuestro Señor júzguenla como salvación, como se lo escribió también Pablo, nuestro querido hermano, según la sabiduría que le fue otorgada» (2 Pe 3, 15-16); aunque la batalla continúe, la certeza de la victoria llena el alma de seguridad y de paz.

Por eso es importante la actitud ante las tentaciones: una actitud de lucha, pero sobre todo de esperanza. No siempre es buena idea salir al encuentro frontal del enemigo. Con el tiempo nos vamos conociendo y aprendemos a ver venir las tentaciones. Sabemos lo que ofusca nuestra mente, lo que nos resulta sumamente atrayente, o terriblemente amenazante. Lo que despierta nuestra ira, nuestros miedos o nuestra concupiscencia. Así como vemos venir la tentación, hay que dejarla pasar; sin sucumbir a ella, sin querer apagarla cediendo a sus ardides. Confiar en Dios, levantar el corazón y como quien contempla un río crecido que arrastra todo tipo de troncos y objetos que encuentra a su paso, confiar en que todo eso pasará. Y efectivamente pasará y dejará fortaleza, humildad, y crecimiento interior.

La tentación ciega la mente. Tener paciencia en medio de la tentación es fundamental para salir victorioso. Llevados por la pasión no es posible juzgar acertadamente ni tomar decisiones justas. Es necesario tener la calma también para dejarse ayudar, pedir orientación a quien puede dárnosla.

En este sentido, el papel de un director espiritual es fundamental.

«Esa trepidación de tu espíritu, la tentación, que te envuelve, es como una venda sobre los ojos de tu alma. Estás a oscuras. No te empeñes en andar solo, porque, solo, caerás. Ve a tu director, a tu superior y él hará que oigas aquellas palabras de Rafael Arcángel a Tobías: "Forti animi esto, in próximo est ut a Deo cureris". Ten ánimo, que pronto te curará Dios. Sé obediente, y caerán las escamas, caerá la venda de tus ojos, y Dios te llenará de gracia y de paz»[8].

En la tentación, serenidad. Hazte pequeño, refúgiate en los brazos de la Virgen, pasará pronto como la tormenta que deja tras de sí una brisa templada y serena. Entonces verás claro. Paciencia. *Todo se pasa*, decía santa Teresa: *Nada te turbe... la paciencia todo lo alcanza.*

La paciencia en el sufrimiento

Esta unión con Jesucristo, que nos hace capaces de resistir las tentaciones, es también la fuerza para sobrellevar las penas cuando se presentan en nuestra vida con especial intensidad. En efecto, un campo en el que se ha de forjar especialmente la paciencia es el del dolor físico o moral, las humillaciones, el abandono, la enfermedad, el duelo...

La paciencia en el sufrimiento es tan importante, porque primeramente debemos aceptar que «hay

[8] San Josemaría Escrivá, *Camino*, n. 715.

que sufrir; todos tenemos que sufrir; todos, sean justos o pecadores han de llevar la cruz, y quien la lleva pacientemente se salva, y quien la lleva impacientemente se condena. Idénticas miserias, dice san Agustín, conducen a unos al cielo y a otros al infierno (...) Y, hablando de la vida presente, es cierto que quien con más paciencia sufre, disfruta también de mayor paz. San Felipe Neri acostumbraba a decir que en este mundo no hay purgatorio, sino tan solo cielo o infierno; quien soporta pacientemente las tribulaciones, disfruta ya del cielo, y quien las rehúye, padece ya un infierno anticipado»[9].

«En el Calvario había a ambos lados de Cristo un ladrón crucificado: al uno, el dolor le abrió el paraíso; al otro, consumando su malicia, fue el preludio de la desgracia eterna. Se trata, pues, no tanto de sufrir sino de sufrir bien, saber sufrir, de sufrir con Cristo y como Cristo. Ahora bien, en este camino tenemos tres etapas que recorrer: sufrimientos del cuerpo, dolores del corazón y desolaciones del alma»[10].

Primero, los sufrimientos del cuerpo: «Ofrezcan sus cuerpos como una hostia viva, santa y agradable a Dios: este es su culto espiritual» (Rom 12, 1). El sufrimiento del cuerpo es la primera participación del cristiano, participación todavía elemental, de la santa Pasión de Cristo. Sin embargo, puede alcanzar un grado ya muy elevado, porque hay sufrimientos corporales, enfermedades, dolencias, etc., cuya tolerancia puede hacerse muy fatigosa por su duración o por su intensidad. En este camino nos ha precedido

---

[9] San Alfonso María de Ligorio, *Practica del amor a Jesucristo*, Cap. V.
[10] Vincent Bernadot, O.P., *De la Eucaristía a la Trinidad,* cit., Cap. 3.

Jesús, y ha ido mucho más lejos de lo que nosotros podemos ir: como Él vino a rescatarnos a través de sus padecimientos, el Espíritu Santo preparó especialmente su Humanidad para el sufrimiento, dándole un cuerpo de una delicadeza sublime y extremada sensibilidad al dolor. Su misma perfección llevaba su capacidad de sufrir a límites inauditos. El profeta Isaías dibuja un rostro doliente en extremo: «Muchos se han admirado al verle. Estaba tan desfigurado, que su aspecto no era el de un hombre, ni su rostro era como el de los hijos de los hombres... No es de bello aspecto ni esplendoroso... Era como el desecho de los hombres, ante quien se vuelve el rostro. Le vimos despreciado, por lo que no hicimos ningún caso de Él... El Señor le hirió con el sufrimiento» (Is 53).

¿Qué debemos hacer cuando nos toca sufrir? Mantenernos unidos a Él, que tanto ha sufrido. Es lo más consolador para un cristiano: saber que nunca sufrimos solos, porque somos los miembros de Cristo, que estamos continuando su Pasión, participando primero en sus sufrimientos, para participar también con Él de su resurrección, del nacimiento a una vida eterna y bienaventurada cuya semilla se siembra ya en esta vida, con dolor: «Los que siembran con lágrimas, cosechan entre cantares de alegría» (Salmo 126, 5).

Santa Teresa de Calcuta recordaba poco tiempo después de haber inaugurado su primer hogar para enfermos de SIDA en Nueva York, el ejemplo de un paciente incurable que tuvo que dejar la casa hogar para ir al hospital. Cuando fue la santa a visitarlo, le dijo: «Madre Teresa, usted es mi mejor amiga. Quiero hablar a solas con usted». Llevaba veinticinco años alejado de Dios. Sin embargo, le contó: «Cuando siento más intenso el dolor en la cabeza, lo comparto con Jesús pensando en lo que Él sufrió durante la coronación de espinas. Cuando el dolor es más intenso en mi espalda, lo comparto con Jesús pensando en los azotes que sufrió sujeto a la columna. Cuando el dolor aparece localizado en manos y pies, pienso en los clavos que sujetaron a Jesús a la cruz. Madre Teresa le ruego que me lleve a su casa. Deseo morir cerca de usted». La santa consiguió el permiso y lo llevó a su hogar. Ahí, en la capilla, pudo escuchar más veces la oración de aquel hombre a quien el sufrimiento le había concedido un grado de identificación con Cristo, y una ternura y amor a Dios maravillosos. A los tres días de ese suceso aquel hombre expiró santamente.

Todo sufrimiento soportado con paciencia, uniéndolo al sufrimiento de Cristo, acelera la obra de Dios en nosotros y atenúa lo que el dolor tiene de insoportable. Va perfeccionando nuestra semejanza íntima con Jesús, realizando la obra de la que habla san Pablo a los Corintios: «Aunque en nosotros el hombre exterior se vaya desmoronando, el interior se va renovando de día en día» (2 Cor 4, 16); vamos permitiendo al Espíritu Santo que realice su labor, que vaya esculpiendo en nuestras almas la figura de Cristo.

Ahí está una clave para llevar pacientemente el dolor: aprovecharlo para unirnos aún más a Cristo. Simón de Cirene, aquel personaje que —según relatan los evangelios— encontró en su camino la Cruz de Jesús (cfr. Mc 15, 21), lo hizo pensando en un primer momento que aquello era una desgracia para él, un hombre inocente que no tenía nada que ver ni con aquella muchedumbre, ni con aquellos condenados. Sin embargo, viéndose forzado a llevar la Cruz de

Cristo, pudo experimentar su cercanía, pudo darse cuenta de que esa cruz no pesaba tanto, porque era Él quien llevaba la mayor parte del peso. En cambio, por haber llevado esa bendita carga, recibió mucho más: después de ese día y de esa aparente contrariedad, los cristianos de todos los siglos lo envidiamos por haber tenido esa gracia, la oportunidad de llevar por unos momentos la Cruz redentora del género humano sobre sus hombros, haber estado muy cerca de Cristo, escuchar los latidos de su corazón, su respiración fatigada, haber recibido una mirada de Jesús llena de amor, en agradecimiento por aquel piadoso servicio. La cruz no pesa si se lleva con Jesús, se vuelve bendición porque nos estrecha a su Corazón. «En el conjunto de la Pasión es bien poca cosa lo que supone esta ayuda. Pero a Jesús le basta una sonrisa, una palabra, un gesto, un poco de amor para derramar copiosamente su gracia sobre el alma del amigo»[11]. Vamos a pedirle la gracia también para nosotros, de sufrir como amigos suyos, para poder decir que en nuestros sufrimientos está presente Él, redimiendo a la humanidad.

Apoyadas en estas verdades de nuestra fe cristiana, encontramos muchas almas santas que soportan, no solamente con paciencia, sino con una santa alegría, las más duras pruebas. Se cumple en ellas aquello que san Pablo experimentaba cuando exclamaba: «Rebozo de gozo en mis tribulaciones» (2 Cor 7, 4); y también: «Me gozo en mis sufrimientos, porque suplo en mi carne lo que resta que padecer a Cristo, por su cuerpo, que es la Iglesia» (Col 1, 24). Y tan convencido estaba de esto san Pablo, que felicitaba así a los cristianos

---

[11] San Josemaría Escrivá, *Via crucis*, V estación.

atribulados: «Es una gracia que Dios les hace por los méritos de Cristo, no solo de creer en Él, sino también de padecer por su amor» (Flp 1, 29).

Confianza en Dios. Paciencia. Todos los males que Dios permite pueden ser medio de santificación, pueden ser fuente de bendiciones mucho mayores. Por eso, este consejo del fundador del Opus Dei resulta muy eficaz: «¿Estás sufriendo una gran tribulación? —¿Tienes contradicciones? Di, muy despacio, como paladeándola, esta oración recia y viril: "Hágase, cúmplase, sea alabada y eternamente ensalzada la justísima y amabilísima Voluntad de Dios, sobre todas las cosas. —Amén. —Amén". Yo te aseguro que alcanzarás la paz»[12].

También por eso se entiende que este gran santo del siglo xx tuviera tan metida en su alma esa convicción, que le llevó a escribir estas líneas casi provocadoras para un mundo hedonista, que desprecia todo sufrimiento: «Yo te voy a decir cuáles son los tesoros del hombre en la tierra para que no los desperdicies: hambre, sed, calor, frío, dolor, deshonra, pobreza, soledad, traición, calumnia, cárcel...»[13]. Rebelarse, impacientarse, rechazar esos tesoros cuando se presentan, son reacciones fáciles, comprensibles, e incluso —con una visión solo humana— justificables. Sin embargo, para un cristiano con fe operativa, esos momentos se presentan como ocasiones de alcanzar unos bienes que son verdaderas riquezas: una caridad paciente y una unión estrecha con Jesucristo, abrazando la Cruz.

_____

[12] San Josemaría Escrivá, *Camino*, n. 691.

[13] San Josemaría Escrivá, *Camino*, n. 194.

Este es el secreto del cristiano. Algunos piensan erróneamente que el amor a la Cruz es una especie de masoquismo. Hay que decirlo: los cristianos no somos masoquistas; no buscamos el dolor, pero tampoco le tememos, no huimos de él. Lo aceptamos como parte de la condición humana y la afrontamos con sentido. Sabemos que «aunque la victoria sobre el pecado y la muerte, conseguida por Cristo con su cruz y resurrección no suprime los sufrimientos temporales de la vida humana, ni libera del sufrimiento toda la dimensión histórica de la existencia humana, sin embargo, sobre toda esa dimensión y sobre cada sufrimiento esta victoria proyecta una luz nueva, que es la luz de la salvación»[14].

En efecto, «el sufrimiento forma parte de la existencia humana. Conviene ciertamente hacer todo lo posible para disminuir el sufrimiento; impedir cuanto se pueda el sufrimiento de los inocentes; aliviar los dolores y ayudar a superar las dolencias psíquicas... Es cierto que debemos hacer todo lo posible para superar el sufrimiento, pero extirparlo del mundo por completo no está en nuestras manos, simplemente porque no podemos desprendernos de nuestra limitación, y porque ninguno de nosotros es capaz de eliminar el poder del mal, de la culpa, que —lo vemos— es una fuente continua de sufrimiento. Esto solo podría hacerlo Dios: y solo un Dios que, haciéndose hombre, entrase personalmente en la historia y sufriese en ella. Nosotros sabemos que este Dios existe y que, por tanto, este poder que "quita el pecado del mundo" (Jn 1, 29) está presente en el mundo. Con la fe en la

---

[14] San Juan Pablo II, *Enc. Salvifici Doloris*, n. 15.

existencia de este poder ha surgido en la historia la esperanza de la salvación del mundo. Pero se trata precisamente de esperanza y no aún de cumplimiento; esperanza que nos da el valor para ponernos de la parte del bien. Podemos tratar de limitar el sufrimiento, luchar contra él, pero no podemos suprimirlo. Precisamente cuando los hombres, intentando evitar toda dolencia, tratan de alejarse de todo lo que podría significar aflicción, cuando quieren ahorrarse la fatiga y el dolor de la verdad, del amor y del bien, caen en una vida vacía en la que quizás ya no existe el dolor, pero en la que la oscura sensación de la falta de sentido y de la soledad es mucho mayor aún. Lo que cura al hombre no es esquivar el sufrimiento y huir ante el dolor, sino la capacidad de aceptar la tribulación, madurar en ella y encontrar en ella un sentido mediante la unión con Cristo, que ha sufrido con amor infinito»[15].

Este puede ser el descubrimiento más luminoso en un cristiano que sufre: que ahí se hace presente Dios, y lo encontramos, no como el Dios castigador, sino como el Dios sufriente, el Dios que se solidariza de tal modo con el hombre, que sufre al lado de él. San Josemaría Escrivá tuvo siempre en su corazón esa convicción, que provenía de su gran fe y de su amor a Dios: en los débiles, en los que sufren y en especial en los enfermos, se hace presente Cristo: «—Niño. —Enfermo. —Al escribir estas palabras, ¿no sentís la tentación de ponerlas con mayúsculas? Es que, para un alma enamorada, los niños y los enfermos son Él»[16]. Esta convicción lo llevaba a buscar en todo tipo de personas aquejadas de males físicos, el apoyo de

---

[15] Benedicto XVI, *Enc. Spes salvi*, nn. 36-37.

[16] San Josemaría Escrivá, *Camino*, n. 419.

su oración y la bendición para su trabajo apostólico, pues confiaba en su ofrecimiento como uno de los más grandes tesoros espirituales.

En una ocasión, el año 1972, estando en Barcelona reunido con un grupo de hijos suyos, el Fundador del Opus Dei puso fin a aquella tertulia con estas palabras: «Me espera un enfermo, y no tengo derecho a hacer esperar a un enfermo, que es Cristo»[17].

Ver a Cristo en los enfermos, es una de las claves para atenderlos con amor. El enfermo necesita de mucha paciencia, pero bien sabemos cuánta paciencia se requiere también para llevar las penas que conlleva el cuidado de ellos. Las personas que por motivos familiares o profesionales tienen el encargo de cuidar a los enfermos, son como ángeles de los que Dios se vale como mensajeros de esperanza, y ellos mismos deben ser tratados y considerados también como verdaderos tesoros, en la vida de las familias, de las comunidades, de los países donde los enfermos aún son cuidados y valorados, no despreciados ni descartados.

Estas personas deben tener en cuenta que los dolores que ven en los enfermos son parte de lo que deben sufrir en sus circunstancias particulares y que cuentan con las gracias necesarias para llevarlos bien. A veces pensamos: «Si yo tuviera que sufrir así, no lo aguantaría», o nos agobiamos pensando que la persona enferma que amamos y cuidamos está sufriendo dolores que no puede soportar, cuando en realidad somos nosotros quienes no soportamos el sufrimiento

---

[17] Cfr. Gonzalo Herranz, *En memoria de Mons. Josemaría Escrivá de Balaguer*, EUNSA, Pamplona, 1976, p. 138.

ajeno, sobre todo cuando el que sufre es alguien que amamos. Cuando estamos sanos no tenemos la gracia para sobrellevar la enfermedad, sin embargo, los enfermos sí tienen una gracia especial de Dios para sufrir con paz, para ofrecer sus dolores, para purificar sus almas, para encontrar sentido a su postración, y los que cuidan a los enfermos también tienen la gracia para respetar ese proceso natural, acompañando, consolando con una cercanía serena y amorosa.

Cuántos dramas en nuestras sociedades modernas se verifican cuando se huye desesperadamente del dolor a toda costa y se proponen, como soluciones aparentemente motivadas por la compasión, los más terribles crímenes que llevan a considerar que es preferible eliminar a la persona que sufre, rechazando el compromiso de acompañarlos, de facilitarles sostener la enfermedad con el mejor de los paliativos, que es el amor.

Necesitamos paciencia para respetar la vida hasta el último momento, pidiendo a Dios la gracia para asistir a los enfermos. En diversas lenguas se ha sustantivado el adjetivo *paciente*, para definir al aquejado de algún mal en relación con el médico que busca su curación. El paciente es aquel que *padece* (del verbo latino *patior* = padecer) y debe hacerlo con dignidad, sabiendo esperar, siendo dócil, obedeciendo las indicaciones terapéuticas, sintiéndose en cada momento acompañado.

El paciente debe aprovechar también su situación para engrandecerse y acercarse a Dios: «Cuando estés enfermo, ofrece con amor tus sufrimientos, y se convertirán en incienso que se eleva en honor de Dios y que te santifica»[18]. Los que huyen del sufrimiento cobardemente tienen materia de meditación al ver con qué entusiasmo otras almas abrazan el dolor. «No son pocos los hombres y las mujeres que saben padecer cristianamente. Sigamos su ejemplo»[19].

Ojalá tuviéramos la lucidez en medio del dolor, para percatarnos que nada es para siempre, que todo lo que ocurre en esta vida tiene su término. También en medio de una enfermedad o tribulación que se prolonga en el tiempo se evoluciona, se van pasando etapas, algunos dolores se mitigan, otros se acentúan, pero el fin de todo aquello está solo en las manos de Dios. Por eso el alma paciente sabe que está en las mejores manos cuando está abandonado en los brazos de su padre Dios, porque Él sabe más: «Te ofrezco, Señor mis pensamientos, ayúdame a pensar en ti; te ofrezco mis palabras, ayúdame a hablar de ti; te ofrezco mis obras, ayúdame a cumplir tu voluntad; te ofrezco mis penas, ayúdame a sufrir por ti. Todo aquello que quieres Tú, Señor, lo quiero yo, precisamente porque Tú lo quieres, como Tú lo quieras y durante todo el tiempo que lo quieras»[20].

San Josemaría Escrivá tenía un modo de explicar que los designios de Dios son siempre de amor, aunque nosotros no consigamos percibirlos así en determinados momentos de sufrimiento. Sucede como en un *tapiz*, que por delante muestra una obra de arte, llena de colorido, pero por detrás solamente vemos nudos y conjuntos de hilos que se entrelazan

---

[18] San Josemaría Escrivá, *Forja*, n.791

[19] San Josemaría Escrivá, *Surco*, n. 236

[20] Oración Universal atribuida al papa Clemente XI

sin aparente lógica en una selva indescifrable de trazos. Pues bien, en esta vida estamos viendo el *tapiz* al revés, y hay que tener la paciencia y confianza en Dios para saber que Él está haciendo su obra de arte, y que después veremos desde otra perspectiva, del otro lado del *tapiz*, todas las bendiciones que el dolor nos procuró.

Además de sufrimientos corporales, decíamos, podemos padecer sufrimientos del corazón y desolaciones de espíritu particularmente atroces, porque tenemos mucha más capacidad de sufrir de lo que nos imaginamos. En estos casos, los argumentos valen poco, y aquello que nos hace posible sobrellevarlos y aceptarlos sin caer en la desesperación es la experiencia de no estar solos.

Es necesario decir que la compañía de Cristo la experimentamos cuando sabemos compartir nuestras penas y nos consolamos mutuamente. Es lo que san Pablo afirmaba con fuerza a los de Corinto al inicio de su primera carta: «Bendito sea el Dios y Padre de nuestro Señor Jesucristo, Padre de misericordias y Dios de toda consolación, el cual nos consuela en todas nuestras tribulaciones, para que podamos también nosotros consolar a los que están en cualquier tribulación, por medio de la consolación con que nosotros somos consolados por Dios. Porque de la manera que abundan en nosotros las aflicciones de Cristo, así abunda también por el mismo Cristo nuestra consolación. Pues si somos atribulados, es para la consolación y salvación suya; si somos consolados, es para su consuelo, que muestra su eficacia en la paciencia con que soportan los mismos sufrimientos que nosotros. Y nuestra esperanza respecto de ustedes es firme, pues sabemos que así como son compañeros en las aflicciones, también lo serán en la consolación» (2 Cor 1, 3-6).

Cuántos enfermos y personas atribuladas llevarían mejor sus dolores si estuvieran acompañados, si experimentaran el consuelo de Dios a través del cariño fraterno. Debemos ser conscientes de que nosotros mismos podemos ser Cristo para los demás, cuando damos consuelo. Hay personas que no se atreven a consolar, porque no saben qué decir. Pero no se trata de consolar porque tenemos las palabras, sino porque llevamos la Palabra, que es Cristo, llevamos a Cristo, que llora con ellos: «Para secar una lágrima del rostro de quien sufre, es necesario unir a su llanto el nuestro. Solo así, nuestras palabras pueden ser realmente capaces de dar un poco de esperanza». «Ante el dolor de los demás debemos mostrar una gran delicadeza y compartir su sufrimiento y su llanto si queremos que nuestras palabras puedan dar un poco de esperanza»[21].

Desgraciadamente, la huida del dolor que se ha verificado en nuestro tiempo ha provocado la soledad y por lo tanto la dificultad para comprender el sentido cristiano del sufrimiento. Sin embargo, siguen existiendo personas que saben acudir ahí, donde hay alguna tribulación, para ser en medio de las tinieblas, como antorchas de luz y esperanza.

Hace no mucho tiempo, un amigo sacerdote me contó un hecho que me dejó al inicio frío y triste, pero luego me di cuenta de lo bello que resulta vivir una entrega como la suya, dispuesta a aliviar el sufrimiento de

[21] Papa Francisco, Audiencia general, 4-I-2017.

los demás. Me refirió el drama de una familia que sufría tremendamente por el secuestro de una de sus hijas. Habían pasado muchos días sin saber nada de ella, hasta que los criminales se manifestaron pidiendo un rescate. Tuvieron que sufrir muchas penalidades en el transcurso de los días, mientras intentaban conseguir la suma requerida, y una vez que la obtuvieron, quedaron en un punto y hora fija para la entrega. Cuando llegaron al sitio donde debían consignar el dinero, siguiendo absolutamente todas las indicaciones de los raptores, vieron aparecer un automóvil que se detuvo a una cierta distancia. Una de las ventanillas traseras se abrió y apareció una mano extendida esperando recibir el maletín. La persona que lo llevaba se acercó y lo entregó. La mano desapareció, la ventanilla se cerró y el auto se puso en marcha. Perdieron de vista el vehículo, y de la pobre joven secuestrada no tuvieron más noticia. Todo aquello culminó en la pérdida total de esperanza en volverla a recuperar con vida.

El sacerdote acudió a casa de esa familia para llevar consuelo.

—¿Qué les dijiste? —Le pregunté ingenuamente.
—Nada, ¿qué podía decirles yo? —me respondió—. Lo que hice fue estar toda esa tarde con ellos, llorábamos todos. Así estuve, llorando todo el tiempo con ellos...

No cabe duda de que, en medio de ese dolor tan extremo, aquellos padres y hermanos recibieron de aquel hombre de Dios el consuelo de saber que no estaban solos. Con el paso del tiempo, y también con la ayuda de ese buen sacerdote, ellos han aprendido a perdonar, y a rehacer sus vidas después de esa pérdida tan absurda y despiadada. Ya vendrán los tiempos en los que el Señor pondrá orden en todas las cosas y haga cumplir toda justicia. Mientras tanto, el misterio del dolor y del mal nos deja mudos, perplejos; sin embargo, cuando en medio de esa oscuridad encontramos alguien que nos brinda comprensión, solidaridad, compañía, unión, entonces es posible llevarlo con paciencia y convertirlo en un lugar privilegiado para el encuentro con Dios. Cuando en nuestros días el mal parece desbordarse, aún hay esperanza, porque todavía podemos encontrar hombres y mujeres que, aun sufriendo mucho, han sido capaces de elevar su mirada a Dios y han experimentado en carne propia aquello del salmo: «Invócame en el día de la angustia y yo te libraré» (Salmo 49, 15). Dios ha acudido a sus súplicas y ha hecho posible el milagro de limpiar sus ojos, para hacer desaparecer en ellos todo rastro de rabia, maldición o cerrazón, haciendo relucir más bien una luminosa serenidad, abierta para acoger el dolor y convertirlo en semilla de eternidad. Nuestro Dios es capaz de conceder, a partir del sufrimiento, ese talante paciente y sereno, que parece humano pero que en realidad es divino, porque procede de Él.

Por eso es posible encontrar al mismo Dios en los que sufren. El papa Francisco comentaba así ante una multitud de jóvenes el sentido del dolor inexplicable, comentando el camino al Calvario de Jesucristo: «¿Dónde está Dios, si en el mundo existe el mal, si hay gente que pasa hambre o sed, que no tienen hogar, que huyen, que buscan refugio? ¿Dónde está Dios cuando las personas inocentes mueren a causa de la violencia, el terrorismo, las guerras? ¿Dónde está Dios, cuando enfermedades terribles rompen los lazos de la vida y el afecto? ¿O cuando los niños son explotados, humillados, y también sufren graves patologías? ¿Dónde está Dios, ante la inquietud de los que dudan y de los que tienen el alma afligida? Hay preguntas para las cuales no hay respuesta humana.

»Solo podemos mirar a Jesús, y preguntarle a Él. Y la respuesta de Jesús es esta: "Dios está en ellos", Jesús está en ellos, sufre en ellos, profundamente identificado con cada uno. Él está tan unido a ellos, que forma casi como "un solo cuerpo".

»Jesús mismo eligió identificarse con estos hermanos y hermanas que sufren por el dolor y la angustia, aceptando recorrer la vía dolorosa que lleva al Calvario. Él, muriendo en la cruz, se entregó en las manos del Padre y, con amor que se entrega, cargó consigo las heridas físicas, morales y espirituales de toda la humanidad»[22].

Paciencia en la enfermedad, paciencia en el dolor de corazón, en las desolaciones de espíritu, porque todo tiene fin. Porque aquí en la tierra nada es para siempre. Porque en esta vida todo tiene remedio, excepto la muerte. Pero también ante la muerte se puede y se debe ser paciente. En este campo, la paciencia se convierte en esperanza, pues el dolor de una pérdida es para siempre en esta vida, pero nos abre la perspectiva de esa otra que es la vida por venir, en la que nos reuniremos todos de nuevo en el amor de Dios.

Debemos sufrir con paciencia y respetar pacientemente el sufrimiento de la pérdida. Hay que permitirse el tiempo de duelo, para aceptar la

---

[22] Papa Francisco, *discurso en el Vía Crucis*, Jornada Mundial de la Juventud, Cracovia, 2016.

separación, y con visión cristiana recuperar la alegría, porque, aunque la muerte no tiene la última palabra, «en general, el duelo por los difuntos puede llevar bastante tiempo... Todo el proceso está surcado por preguntas, sobre las causas de la muerte, sobre lo que se podría haber hecho, sobre lo que vive una persona en el momento previo de la muerte... pero con un camino sincero y paciente de oración y de liberación interior, vuelve la paz»[23].

La oración paciente nos dará la certeza de que el Resucitado ha vencido la muerte. Nuestro Señor la ha despojado de su significado como separación definitiva, haciendo de su propia muerte un principio de Comunión. En efecto, es la muerte de Cristo en la Cruz la que nos ha ganado los sacramentos, que son fuente de vida y de unión con Él. Por eso, para los cristianos, aunque la muerte de los seres queridos supone la tristeza natural de la separación, nos da la esperanza el hecho de que precisamente unidos a Cristo y a sus sacramentos, podemos vivir en comunión con nuestros difuntos y experimentar su cercanía espiritual para siempre. Para nosotros, la muerte no es el fin. Es el "cambio de casa", es la entrada a la Vida, y puede ser transformado en el supremo acto de obediencia y amor hacia el Padre[24], el último acto terreno de seguimiento de Cristo, para encontrarnos todos de nuevo con Él.

Por último, ante el sufrimiento, tenemos el consuelo de la Virgen. La Madre de Dios es la criatura que más ha sufrido junto a Jesús. Es nuestra madre y ¿qué

---

[23] Papa Francisco, *Ex. Ap. Amoris Laetitia*, n. 255.

[24] Cfr. Catecismo de la Iglesia Católica, n. 1011.

madre hay que no sufra con sus hijos? Esa cercanía, esa ternura y compasión que anhelamos a la hora del dolor, la encontramos de modo particular en el regazo de Nuestra Madre, la Virgen María. También nosotros, como san Juan Diego, podemos escuchar sus palabras cuando nos aceche la angustia por cualquier razón: «Escucha, hijo amado, de ninguna manera temas ni se angustie tu corazón, ni hagas nada por la enfermedad de tu tío o por cualquier otra angustia. ¿Acaso no estoy yo aquí, que soy tu madre? ¿Acaso no estás bajo mi sombra y amparo? ¿No soy yo la fuente de tu vida y alegría? ¿No te llevo en mi regazo, en el cruce de mis brazos? ¿Acaso necesitas cualquier otra cosa? No te aflijas ni te acongojes»[25].

La paciencia ante los defectos propios

Hemos repasado diversos terrenos en los que el cristiano puede y debe ejercitar esta virtud, pero acabaremos este apartado, preparando el siguiente, en el que hablaremos de la paciencia con el prójimo. Para esto debemos abordar un campo primordial, aunque parezca secundario: la paciencia con nosotros mismos.

En la lucha cotidiana por ser buenos padres, esposos, hijos, cristianos, es fácil desalentarse ante los propios defectos que se repiten una y otra vez, sin lograr superarlos del todo y que son fuente de inquietud también para los demás. Es necesario saber esperar y luchar con perseverancia, convencidos de que, mientras nos mantengamos en el combate, estamos amando a Dios y Él nos ama

---

[25] Cfr. Nican Mopohua: Relato de las apariciones de la Virgen de Guadalupe.

especialmente, prestándonos su auxilio para mejorar cada día.

La superación de un defecto o la adquisición de una virtud, de ordinario, no se logra a base de violentos esfuerzos, sino de humildad, de confianza en Dios, de petición de más gracias, de una mayor docilidad al Espíritu Santo. Lo debemos recordar siempre: es necesario tener paciencia con todo el mundo, pero, en primer lugar, con uno mismo.

Estamos llamados a la santidad, por un camino de amor y de felicidad, pero nadie nunca ha dicho que es un camino fácil. El Señor lo advierte claramente: «¡Qué angosta es la puerta y estrecha la senda que conduce a la Vida!» (Mt 7, 14). Por esa puerta no cabe el amor propio, y por esa senda solo se puede avanzar llevando paso a paso la Cruz de Cristo: «Si alguno quiere venir en pos de mí, niéguese a sí mismo, tome su cruz cada día, y sígame» (Lc 9, 23). La vida sobrenatural exige lucha, esfuerzo, fortaleza para vencer los obstáculos, y una parte de la fortaleza es la paciencia para soportar la prueba, la dificultad, la tentación y las propias miserias[26].

Ya lo hemos dicho varias veces, y es necesario repetirlo: la vida espiritual es lucha. No podemos olvidar que la paz del corazón se conquista en la batalla: *la paz es consecuencia de la guerra*, gustaba decir a san Josemaría Escrivá. Cuántos han olvidado esta gran verdad. Cuántos buscan hoy la paz del corazón en lo que satisface sus gustos, en lo que llena su egoísmo o en lo que consigue una tranquilidad

---

[26] Cfr. Santo Tomás, S. Th. II-II, q. 136, a. 4, c.

superficial y efímera; pero ahí no es posible encontrar la paz. Basta entrar en cualquier librería, dirigirse a la sección de espiritualidad y observar: ¿qué encontramos?... poesía, técnicas orientales de relajación, literatura sentimental cuyo objetivo es suscitar pensamientos de bondad, de optimismo, de reconciliación con el propio pasado... todas cosas buenas pero que solo miran al yo, a la autorrealización del propio deseo. Nos han engañado diciendo que todo lo que queremos alcanzar es posible con solo desearlo, nos han hecho olvidar que dentro y fuera de nosotros mismos hay enemigos contra los que hay que pelear.

La literatura espiritual que explica la dimensión de la vida cristiana como lucha, como una batalla contra nosotros mismos, contra los siete pecados capitales que anidan en nuestro corazón y que se van manifestando continuamente, ha desaparecido de nuestras estanterías, pero sigue siendo el único camino para encontrar la paz verdadera, esa que llega con la victoria de Cristo en nuestras almas.

Pues bien, en esa contienda es necesario tener presente que Dios es Señor de la historia y de los tiempos: también de la historia personal de cada uno y de los tiempos de nuestra santificación. Hemos de corresponder a su gracia con generosidad, sin la mentalidad del que quiere alcanzar todo, enseguida; esa sería la lógica inmadura de los niños que no cuentan con el esfuerzo y se rebelan si no obtienen inmediatamente lo que desean. La lucha que el Señor nos pide está compuesta de cosas pequeñas, de vencimientos cotidianos. Vamos a la conquista de grandes vetas, y eso solamente se consigue paso a paso, *sin prisas y sin pausas*, como recuerdan también los montañistas en sus escaladas.

No nos entristezcamos al comprobar que tenemos mucho que corregir de nuestro carácter. «Llénate de alegría, con la certeza de que el Señor a todos ha concedido la capacidad de hacerse santos, precisamente en la lucha contra los propios defectos»[27]. No podemos olvidar la pedagogía de Jesús que forma poco a poco a los apóstoles, enseñándoles, corrigiéndoles, animándoles. No se cansa de su lentitud para aprender, y no deja de contar con ellos a causa de sus debilidades, ni siquiera cuando sus reacciones desentonan tanto, como aquella vez en que se pusieron a discutir sobre quién sería tenido como el mayor (cfr. Lc 22, 24).

El Señor nos quiere como somos, tenemos que ser conscientes de esta verdad, de lo contrario quedaríamos expuestos a la tentación del desánimo por nuestros errores y pecados; y al comprobar que nuestros defectos más hondos permanecen con el paso del tiempo, nos parecería que la santidad está muy lejos, al menos esa santidad que imaginábamos: más vistosa que humilde, más hecha de triunfos que de amor.

La humildad nos lleva a la paciencia, y la paciencia con nosotros mismos es buena, porque nos hace humildes: reconocemos que tenemos mucho aun que mejorar y nos otorga una sana desconfianza de nosotros mismos, que tiene también su lado positivo. Esa sana desconfianza es como «un resquicio siempre abierto de nuestra personalidad, nos permite aceptar sugerencias

---

[27] San Josemaría Escrivá, *Surco*, n. 399.

y críticas, ver nuestras acciones con los ojos del otro, sin pretender tener en la mano la solución perfecta de los problemas»[28].

Debemos luchar contra nuestros defectos, sabiendo que quizá muchos de ellos no conseguiremos jamás erradicar de nuestras vidas. Lo importante es luchar, es querer mejorar. Nos puede pasar como a aquella pequeña de diez años que solía confesarse cada semana. «Se acusaba de los "pecados" propios de una criatura de su edad: desobedecer a sus padres, pelearse con sus hermanos, olvidarse de rezar... Y ella misma añadía: —Bueno, los mismos de siempre. ¡Pero menos ¿eh!?... Lo normal es que cuando uno va a confesarse lleva los mismos fallos y defectos de las veces precedentes. El que tiene mal el pie derecho siempre cojea de ese; nunca cojea del pie izquierdo. Lo que hay que procurar es que nuestras caídas, cada vez sean más distantes y menos intensas. Pero no deben jamás desanimarnos. Dios cuenta con nuestras caídas y con nuestras recaídas. También cuenta con nuestra lucha. Si podemos decir como esa pequeña "lo mismo de siempre, pero menos", la cosa va bien»[29].

Cuando hay de verdad deseos de mejorar, podemos experimentar una impaciencia buena, que no es falta de paciencia sino urgencia de amor: *caritas enim Christi urget nos* (2 Cor 5, 14), la caridad de Cristo nos urge en la lucha interior; nos lleva a desear avanzar y a dar más a Dios, a quien amamos. Pero la impaciencia mala, la que nace del amor a uno mismo, se manifiesta

---

[28] Susanna Tamaro, *Más fuego,* más viento, cit., p. 201.

[29] Agustín Filgueiras, *Orar con... Un pan para cada día: Hablar con Jesús,* Ed. Desclee de Brouwer, 2009, p. 86.

en la precipitación —ese querer realizar varias cosas a la vez, agitadamente, en lugar de afrontarlas una detrás de otra—, y conduce finalmente al desencanto y a la tristeza por no ser como quisiéramos. Quizá entonces se continúa luchando, pero no ya con la serenidad de un hijo de Dios, sino con la tensión de quien está pendiente de sí mismo y se vuelve una persona dura consigo misma, rígida e impaciente también con los demás.

Ante nuestros defectos tenemos que reaccionar con humildad, paciencia y contrición: dolor de amor, la contrición de un hijo de Dios que se sabe amado y aunque no ha alcanzado las metas que se había propuesto, sigue luchando con esperanza. Cuando no hay paciencia es fácil que se presente la tentación de abandonar la lucha, justificando el descorazonamiento con la falta de resultados visibles, y dejando de lado la visión sobrenatural para guiarse solo por criterios humanos.

Procuremos adquirir la perspectiva de los santos, que se dejan gobernar por la lógica de Dios, que es un Padre paciente y benigno con sus hijos. El Señor nos conoce más y mejor de cuanto nos conocemos, sabe perfectamente que somos de barro y que es grande nuestra fragilidad: lo sabe todo desde la eternidad y nos ha llamado a la santidad porque Él es bueno y nos ama. Con esta lógica, el esfuerzo contra los propios defectos se convierte en una lucha de amor y de paz. Una lucha por la santidad, para dar gloria a Dios, y no por alcanzar una meta humana que nos transforma a nosotros mismos en ídolos.

Dice Benedicto XVI que la conversión a la que el Señor nos invita «no es el esfuerzo espasmódico por alcanzar un alto rendimiento moral, sino el mantenimiento de la sensibilidad para la verdad y la fidelidad a Aquel que nos hace soportable la verdad, además de fructífera y saludable»[30]. Efectivamente, el que es humilde y paciente, sabe ponerse serenamente debajo de esa luz de la verdad, y sabe sacar fruto de sus propios errores. No huye de su condición de pecador, sino que sabe integrar su propia debilidad aceptándose a sí mismo tal como es, sin dejar de encontrar nuevos modos de luchar contra sus miserias, porque su objetivo es el Cielo: «Este es nuestro destino en la tierra: luchar por amor hasta el último instante. *Deo gratias!*»[31].

Puede suceder incluso que, después de muchos años de lucha, palpemos de modo particular nuestros límites y nuestras miserias; lejos de desanimarnos, agradezcamos a Dios que nos concede esa luz. No es verdad que entonces hayamos empeorado. sino que vemos mejor. Tanto menos cierto es que seamos, por ese motivo, una desilusión para Dios. Este descubrimiento progresivo, si somos humildes, será fuente de paz y de alegría, porque nos convenceremos de que el Señor nos quiere y confía en nosotros, no porque seamos mejores que los demás, sino que espera de nosotros motivos de consuelo y suplamos el amor que otros le niegan, sabiendo que si nos convertimos cada día, habrá en el Cielo «mayor alegría por un pecador que hace penitencia que por noventa y nueve justos que no necesitan arrepentirse» (Lc 15, 7).

---

[30] Joseph Ratzinger, *Conversión, penitencia y renovación*, en *Un canto nuevo para el Señor*, Ed. Sígueme, Salamanca, 2005, p. 173.

[31] San Josemaría Escrivá, *apuntes tomados de una tertulia*, 1-I-1972.

Ejercitar la paciencia con nosotros mismos significa, pues, reconocer las propias faltas y pecados, sabiendo que el Señor nos llama a quererle comenzando y recomenzando muchas veces; un cristiano, una cristiana con amor paciente, acudirá muchas veces al Señor, que espera en el sagrario, para decirle: Tú me conoces bien, soy siempre el mismo, pero sé que me amas y esto es lo que importa: ¡hazme ser como Tú quieres!... Entonces, poco a poco, las comparaciones con los demás, las valoraciones con criterios meramente humanos, pierden peso ante la realidad de que Dios me ama a mí, con mi lucha, y ha dado su vida por mí: «Me amó y se entregó a sí mismo por mí» (Gal 2, 20). Y si llegara a insinuarse la tentación de la impaciencia y del desánimo ante los propios defectos, acudiremos a la Santísima Virgen: «¡Madre mía! Las madres de la tierra miran con mayor predilección al hijo más débil, al más enfermo, al más corto, al pobre lisiado... —¡Señora!, yo sé que tú eres más Madre que todas las madres juntas... —Y, como yo soy tu hijo... Y, como yo soy débil, y enfermo... y lisiado... y feo...»[32].

---

[32] San Josemaría Escrivá, *Forja*, n. 234.

ENCENDIDOS POR LA CARIDAD

La caridad es paciente (1 Cor 13, 4).

«La caridad más que en dar está en comprender». Esta frase de san Josemaría Escrivá nos hace entender la necesidad de ejercitar la paciencia en nuestras relaciones con los demás, para que sea un verdadero ejercicio de esa virtud teologal con la que Dios nos ha dotado para llevar una vida auténtica de amor a Dios y al prójimo. La paciencia como forma de amor cotidiano que debe adaptarse al modo de ser de los demás, que busca sin cansancio la manera de ayudar al prójimo tendiéndole la mano con desinterés y benevolencia, es una piedra de toque de la verdadera caridad que se despliega en las almas de vida interior. Los cristianos comprendemos la necesidad de esta virtud para que nuestro corazón vaya configurándose con el modelo de nuestro Señor Jesucristo, lleno de comprensión y misericordia para con todos.

La paciencia ante los defectos del prójimo

Las obras de misericordia son acciones que tradicionalmente la Iglesia Católica ha vivido e invitado a ejercitar, mediante las cuales ayudamos a nuestro prójimo en sus necesidades corporales y espirituales: instruir, aconsejar, consolar, son obras de misericordia espirituales, como también lo son perdonar y sufrir con paciencia los defectos de los demás[1].

La misericordia con el prójimo nos conduce a vivir cara hacia los demás con paciencia, también cuando se muestran inoportunos, porque «todos arrastramos defectos, aristas en el carácter y, aunque no lo busquemos voluntariamente, muchas veces provocamos roces que hieren a los demás: a los miembros de nuestra familia, a los colegas de trabajo, a los amigos, en los momentos de crispación que pueden sobrevenir, por ejemplo, en los atascos del tránsito ciudadano... Todas esas ocasiones nos facilitan una oportunidad para hacer grata la vida a los demás, no guiándonos por un carácter desordenado»[2].

De acuerdo con una historia hebrea tradicional, Abraham estaba sentado afuera de su tienda una noche cuando vio a un hombre anciano, cansado por el peso de la edad y de la jornada, que venía caminando hacia él. Abraham se levantó y corrió para saludarle y lo invitó a entrar en su tienda para restaurarse. Allí Abraham lavó los pies del viejo y le ofreció de comer y beber. El anciano inmediatamente comenzó a comer sin orar o proferir bendición alguna, así que Abraham le preguntó ¿es que no adora usted a Dios? El viajero le respondió: «Yo adoro solamente al fuego y no reverencio a ningún otro dios». Cuando Abraham escuchó esto, se molestó bastante con él, lo agarró por los hombros, y lleno de indignación lo echó fuera de su tienda, al aire frío. Cuando el viejo había partido de

---

[1] Cfr. Catecismo de la Iglesia Católica, n. 2447.

[2] Javier Echevarría, Obispo Prelado del Opus Dei, *Carta pastoral* del 1 de agosto de 2016.

aquel lugar, Dios llamó a su hijo Abraham y le preguntó dónde estaba el peregrino extranjero. Abraham le dijo a Dios: «Lo he echado de mi tienda porque no te adoraba». Dios le contestó: «He sufrido a este viejito por unos ochenta años a pesar de que me deshonra. ¿No pudiste tú aguantarle una sola noche?».

Para ser capaces de ser pacientes con los demás, tenemos que cultivar la disposición de ser amables, personas que saben, con elegancia humana, pasar por alto multitud de detalles molestos, con espíritu de sacrificio y de comprensión, que saben disculpar sin echar en cara los fallos de las personas con las que convivimos. Ser amables y, al mismo tiempo, comprensivos para disculpar que alguien no lo sea con nosotros. Las dos cosas son necesarias: ser amables y perdonar cuando alguien no lo sea, porque todos somos a veces poco amables, todos alguna vez nos dejamos llevar por las prisas, el enojo o las frustraciones, vertiendo esas impaciencias, enfados y amarguras en los demás. Para eso es muy útil hacer examen de conciencia y «ver si también nosotros, a veces, podemos resultar molestos para los demás. Es fácil señalar con el dedo los defectos y las faltas de los otros, pero debemos aprender a meternos en la piel de los demás»[3].

Cuando nos descubramos impacientes con los otros, nos ayudará mucho pensar que quizá lo que nos impacienta no son sus defectos, sino que son precisamente los nuestros. Porque es verdad que los demás tienen errores, pero nuestros defectos propios son los que los amplifican y los hacen insoportables.

---

[3] Papa Francisco, Audiencia 16-XI-2016.

Así, nos daremos cuenta muchas veces que no es que el otro sea lento, sino que yo voy siempre con mucha prisa; no es que el otro sea tardo para comprender, sino que yo no me sé explicar; no es que el otro sea antipático, sino que a mí me falta buen humor, etc.

Si somos más comprensivos con los demás y menos con nosotros mismos, «la paciencia nos impulsa a enfocar sin dramatismos las imperfecciones de los demás, sin caer en la tentación de echárselo en cara, ni buscar un desahogo comentándolo con terceros. De poco serviría, por ejemplo, callar ante ciertos defectos de alguno si después los pusiéramos en evidencia con un comentario irónico; o si nuestro disgusto nos condujera a tratarle con frialdad; o si cayéramos en formas sutiles de murmuración, que causan daño al que murmura, al que es objeto de la murmuración, y al que la escucha. Conllevar con paciencia los defectos de los demás nos invita a procurar que esas carencias no nos condicionen a la hora de quererles: no se trata de quererles a pesar de esas limitaciones, sino de quererles con esas limitaciones. Es esta una gracia que podemos pedir al Señor: no detenernos ni justificar nuestras malas reacciones ante las diferencias con los demás que nos disgustan, porque cada una, cada uno, posee siempre mucha más riqueza, más bondad que sus defectos. Por eso, cuando notemos que el corazón no responde, metámoslo en el corazón del Señor: Él convertirá nuestro corazón de piedra en un corazón de carne»[4].

Corazón de carne, no de piedra, que sepa amar a los demás como son. Corazón grande, como el de Jesús

---

[4] Javier Echevarría, Obispo Prelado del Opus Dei, *Carta pastoral* del 1 de agosto de 2016.

que, después de resucitado, se aparece a sus discípulos, a aquellos hombres que le habían jurado fidelidad y que en el momento de su Pasión desaparecieron temerosos, dejándole solo. Cobardes, traidores, débiles. Sin embrago, Jesús se presenta a ellos y no sale de su boca un solo reproche por lo que le habían ofendido, sino que «se puso en medio de ellos y les dijo: —La paz esté con ustedes» (Lc 24, 36). *Pax vobis!* ¡La paz!... ¿seremos capaces nosotros de dar la paz a quienes nos molestan? ¿Sabremos ser Cristo para los demás, porque nos mostramos llenos de comprensión y sabemos disculpar sus errores?

El apóstol Santiago exalta particularmente la paciencia, cuando invita a ejercitarla con los demás como condición para ser tratados con benevolencia por el Señor cuando venga a juzgar a todos, y lo hace elevando maravillosamente esta virtud tan cotidiana, al proponer modelos insignes para el pueblo de Israel: «No se quejen, hermanos, unos de otros, para que no sean juzgados; miren que el Juez está ya a la puerta. Tomen, hermanos, como modelos de una vida sufrida y paciente a los profetas, que hablaron en nombre del Señor. Miren cómo proclamamos bienaventurados a quienes sufrieron con paciencia. Han oído la paciencia de Job y han visto el desenlace que el Señor le dio, porque *el Señor es entrañablemente compasivo y misericordioso*» (St 5, 9-11).

Cuando nos parezca que ya hemos hecho todo lo que está en nuestras manos por ser pacientes con determinadas personas, y creamos que es imposible conservar la serenidad, podemos dejarnos interpelar por el papa Francisco, un hombre que sabe que «tener paciencia no es dejar que nos maltraten continuamente, o tolerar agresiones físicas, o permitir que nos traten como objetos. El problema es cuando exigimos que las relaciones sean celestiales o que las personas sean perfectas, o cuando nos colocamos en el centro y esperamos que solo se cumpla la propia voluntad. Entonces todo nos impacienta, todo nos lleva a reaccionar con agresividad. Si no cultivamos la paciencia, siempre tendremos excusas para responder con ira, y finalmente nos convertiremos en personas que no saben convivir, antisociales, incapaces de postergar los impulsos, y la familia se volverá un campo de batalla. Por eso, la Palabra de Dios nos exhorta: "Destierren de ustedes la amargura, la ira, los enfados e insultos y toda la maldad" (Ef 4, 31). Esta paciencia se afianza cuando reconozco que el otro también tiene derecho a vivir en esta tierra junto a mí, así como es. No importa si es un estorbo para mí, si altera mis planes, si me molesta con su modo de ser o con sus ideas, si no es todo lo que yo esperaba. El amor tiene siempre un sentido de profunda compasión que lleva a aceptar al otro como parte de este mundo, también cuando actúa de un modo diferente a lo que yo desearía»[5].

Conviene que no nos hagamos ilusiones, pensando que la paz de nuestro espíritu depende del buen carácter y benevolencia de los demás con nosotros. La tranquilidad de nuestro corazón depende de nosotros mismos. El evitar los efectos de la ira debe estar en nosotros y no podemos supeditarlo a la manera de ser de los demás. El que los demás sean buenos, que sus caracteres se acoplen a nuestro modo de ser, no está

---

[5] Papa Francisco, *Ex. Ap. Amoris Laetitia*, n. 92.

en modo alguno en nuestras manos. Muchas personas sufren indeciblemente porque toda su vida andan pretendiendo que los demás se adapten a su forma de ser, son infelices porque los demás no son como les gustaría que fueran.

El ser capaces de llevar con paciencia la forma de ser del prójimo no depende de que sus defectos sean más llevaderos, sino de que sea más sólida nuestra virtud, de que nuestro corazón sea más grande, fuerte y generoso, como el de Cristo.

La paciencia en el apostolado

Los años en los que el régimen comunista oprimía la sociedad polaca, el partido en el poder tenía el plan de implantar su ideología atea en todos los sectores de la sociedad haciendo cumplir bien precisos objetivos en plazos de cinco años. Cuando el arzobispo de Cracovia, Karol Wojtyla, se enteró de esos planes quinquenales, simplemente comentó que la Iglesia polaca no seguiría ningún plan quinquenal, sino el plan eterno de Dios: el trabajo cotidiano, la administración de los sacramentos, la enseñanza de la doctrina católica, la asistencia a los pobres y la formación de los sacerdotes para hacerlos buenos predicadores del Evangelio. El trabajo de Dios no necesitaba de planes humanos. Se debía trabajar con constancia y determinación en lo que siempre se había hecho en la Iglesia. Ese era el mejor modo de contrarrestar la acción de quienes querían reducir Polonia a un colectivismo ateo[6].

---

[6] Cfr. George Weigel, *Testigo de esperanza*, Ed. Plaza & Janés, 1999, pp. 196 ss.

Caritas patiens est (1 Cor 13, 4), la caridad está llena de paciencia. Y al mismo tiempo esta virtud es el gran soporte de la caridad, sin el cual no podría subsistir[7]. Para el apostolado, que es una singular manifestación de la caridad, la paciencia es absolutamente imprescindible. El Señor quiere que tengamos la calma del sembrador que echa su semilla sobre el terreno que ha preparado previamente y sigue los ritmos de las estaciones, esperando el momento oportuno, sin desánimos, con la confianza de que aquel esfuerzo con el que sembramos su palabra en las almas de los demás, traerá un día su fruto.

El Señor nos da ejemplo de una maravillosa paciencia en su misión apostólica. De las muchedumbres que se le acercan, dice en ocasiones que «viendo no miran, y oyendo no escuchan, ni entienden» (Mt 13, 13); a pesar de todo le vemos incansable en su predicación y dedicación a las gentes, recorriendo siempre los caminos de Palestina con ilusión y alegría. Ni siquiera los apóstoles que le acompañan en todo momento demuestran un gran aprovechamiento de sus palabras: «Aún tengo muchas cosas que enseñarles —les dice la víspera de su partida—, pero por ahora no pueden comprenderlas» (Jn 16, 12). El Señor contaba con sus defectos, con su manera de ser, y no se desalienta. Más tarde, cada uno a su manera, será un testigo fiel de Cristo y del Evangelio.

La paciencia y la constancia son imprescindibles en el apostolado, esa labor que hacemos en colaboración con el Espíritu Santo, con nuestros conocidos, amigos y familiares que queremos acercar al Señor.

---

[7] Cfr. San Cipriano, *de bono patientiae*, n. 15.

La paciencia aquí especialmente va de la mano de la humildad, se acomoda al ser de las cosas y respeta el tiempo y el momento de estas; cuenta con las limitaciones propias y las de los demás. Un cristiano que viva la virtud de la paciencia, no se desconcertará al advertir que quienes le rodean muestran indiferencia por las cosas de Dios.

Sabemos que hay hombres que en el fondo de sus almas guardan unas ansias grandes de conocer a Dios. Ocurre, sin embargo, que las almas —la nuestra también— tienen sus ritmos de tiempo, su hora, a la que hay que acomodarse como el labrador a las estaciones y al suelo. ¿No ha dicho el Maestro que el reino de Dios es semejante a un amo que salió a distintas horas del día a contratar obreros a su viña? (cfr. Mt 20, 1-7) ¿Y cómo no vamos a ser pacientes con los demás, si el Señor ha derrochado tanta paciencia con nosotros y sigue haciéndolo? La caridad a todo se acomoda, todo lo cree, todo lo espera y todo lo soporta, enseñó san Pablo (cfr. 1 Cor 13, 7), y el fruto aparecerá. «Tal fecundidad es muchas veces invisible, inaferrable, no pude ser contabilizada. Uno sabe bien que su vida dará frutos, pero sin pretender saber cómo, ni dónde ni cuándo. Tiene la seguridad de que no se pierde ninguno de sus trabajos realizados con amor, no se pierde ninguna de sus preocupaciones sinceras por los demás, no se pierde ningún acto de amor a Dios, no se pierde ningún cansancio generoso, no se pierde ninguna dolorosa paciencia»[8].

San Josemaría Escrivá era un hombre enormemente apostólico, que se consumía en ansias de llevar la luz

---

[8] Papa Francisco, *Ex. Ap. Evangelii gaudium*, n. 279.

del Evangelio a todas las almas, del mundo entero. Sin embargo, la situación sociopolítica de España de su tiempo tuvo que forzarlo a empezar su labor con paciencia, en el transcurso de días, semanas, meses, años de aparente inactividad, en medio de incertidumbres, peligros de muerte, ataques brutales a la fe católica. Por eso se entiende bien y se valora mejor lo que ha escrito cuando dice con convicción: «No os asustéis, ni temáis ningún daño, aunque las circunstancias en que trabajéis sean tremendas, peores que las de Daniel en la fosa con aquellos animales voraces. Las manos de Dios son igualmente poderosas y, si fuera necesario, harían maravillas. ¡Fieles! Con una fidelidad amorosa, consciente, alegre, a la doctrina de Cristo, persuadidos de que los años de ahora no son peores que los de otros siglos, y de que el Señor es el de siempre. Conocí a un anciano sacerdote, que afirmaba —sonriente— de sí mismo: yo estoy siempre tranquilo, tranquilo. Y así hemos de encontrarnos siempre nosotros, metidos en el mundo, rodeados de leones hambrientos, pero sin perder la paz: tranquilos. Con amor, con fe, con esperanza, sin olvidar jamás que, si conviene, el Señor multiplicará los milagros»[9].

Cuando se trabaja por Dios, ningún peligro, ninguna amenaza puede desanimarnos. Así se ha difundido siempre el Evangelio, en medio de dificultades, abriéndose paso a lo largo de la historia de los pueblos por la mano poderosa de Dios y la acción eficaz del Espíritu Santo que remueve a las almas, utilizando a los fieles cristianos como instrumentos.

---

[9] San Josemaría Escrivá, *Amigos de Dios*, n. 105.

«Cristo no ha fracasado: su palabra y su vida fecundan continuamente el mundo»[10]. La lógica de Dios es la lógica del grano de mostaza que crece hasta convertirse en árbol frondoso, y la de la levadura que llega a fermentar toda la masa (cfr. Mt 13, 31-33). Jesucristo ha puesto siempre una levadura de pocos; y eso, para salvar a todos, no solamente una minoría.

Paciencia con todos y en toda circunstancia: así sabremos comprender y querer a las personas con sus defectos y cualidades. Así podremos también valorar rectamente los ambientes, las situaciones, la sociedad. Un cristiano dominado por la impaciencia fácilmente se lamentará de los tiempos en que vive, y tenderá a ver solamente las sombras de su trabajo apostólico. En cambio, la actitud de los santos es «ver las cosas con paciencia. No son como queremos, sino como vienen por providencia de Dios: hemos de recibirlas con alegría, sean como sean. Si vemos a Dios detrás de cada cosa, estaremos siempre contentos, siempre serenos. Y de ese modo manifestaremos que nuestra vida es contemplativa, sin perder nunca los nervios»[11].

Debemos alegrarnos de los tiempos que nos ha tocado vivir: nos ha traído el Señor al mundo en esta época, y quiere que colaboremos con él para llevar su luz a tantas almas que la vida corriente pone en nuestro camino. Nuestro apostolado no se limita a tal o cual grupo de catequesis, en la parroquia o en los centros de formación que frecuentamos, sino que Dios espera que difundamos su doctrina a todos: en el banco, el autobús, el consultorio, en el taller o en la universidad,

---

[10] San Josemaría Escrivá, *Es Cristo que pasa*, n. 113.

[11] San Josemaría Escrivá, Apunte tomado de su predicación.

estamos continuamente en trato con personas que esperan de nosotros una palabra de aliento, una invitación a conocer a Jesús, a acercarse a los sacramentos, a descubrir el poder de la oración.

No podemos pensar que ya nadie quiere saber nada de Dios, que somos como quistes, cúmulos aislados en un mundo paganizado y escéptico. No es verdad. Todos los hombres y mujeres de cualquier época llevan en su corazón esas ansias de felicidad que solamente Cristo puede colmar. Por eso, el principal peligro para el apostolado no es el ambiente, sino la impaciencia, fuente de quejas estériles y amargas, que a veces esconden falta de visión sobrenatural, de fe, de esperanza y de amor. Si, con la gracia de Dios, nos empapamos de la lógica divina, no quitaremos importancia al mal, a lo que es ofensa a Dios, pero reconoceremos que «donde abundó el pecado, sobreabundó la gracia» (Rom 5, 20), y sabremos descubrir en cada circunstancia la acción de Dios que «hace concurrir todas las cosas al bien de los que le aman» (Rom 8, 28).

Para el apostolado necesitamos fortaleza, porque «el que sabe ser fuerte no se mueve por la prisa de cobrar el fruto de su trabajo; es paciente. La fortaleza nos conduce a saborear esa virtud humana y divina de la paciencia... Y es esta paciencia la que nos impulsa a ser comprensivos con los demás, persuadidos de que las almas, como el buen vino, se mejoran con el tiempo»[12].

Nuestro afán de poner a Cristo en la cumbre de las actividades humanas y de infundir espíritu cristiano en

---

[12] San Josemaría Escrivá, *Amigos de Dios*, n. 78.

la sociedad, removiendo los obstáculos de costumbres, leyes y modos de vivir que son contrarios al querer de Dios, «es un cometido que exige valentía y paciencia»[13], es una labor que ha de contar con el tiempo. Somos parte de una historia, que es la historia de la salvación, y cada uno de los cristianos tiene parte en esa serie de hombres y mujeres que han sido levadura en medio de la masa, sal que preserva de la corrupción.

Ir *al paso de Dios* en el apostolado, significa urgencia y paciencia, comprensión y exigencia. También esto es parte del *bonus odor Christi* que los demás perciben, como se advierten el afecto y la confianza. Ahí están comprendidas tantas manifestaciones prácticas de esta virtud: disponibilidad para dar nuestro tiempo; atención en el escuchar; saber sugerir metas asequibles, adecuadas a la situación real de cada persona y no a esquemas preestablecidos; ponerse en el lugar de los demás, sirviéndoles también en detalles materiales, sin pensar que es pérdida de tiempo; hacer propias las preocupaciones y las alegrías de quienes tratamos, como corresponde a una amistad sincera.

«Más que nunca necesitamos de hombres y mujeres que, desde su experiencia de acompañamiento, conozcan los procesos donde campea la prudencia, la capacidad de comprensión, el arte de esperar, la docilidad al Espíritu... Necesitamos ejercitarnos en el arte de escuchar, que es más que oír. Lo primero, en la comunicación con el otro, es la capacidad del corazón que hace posible la proximidad, sin la cual no existe un verdadero encuentro espiritual... Solo a partir de esta escucha respetuosa y compasiva se pueden encontrar

---

[13] San Juan Pablo II, *Enc. Centessimus annus*, n. 38.

los caminos de un genuino crecimiento, despertar el deseo del ideal cristiano, las ansias de responder plenamente al amor de Dios y el anhelo de desarrollar lo mejor que Dios ha sembrado en la propia vida»[14].

Cuántas veces veremos que se realiza, entonces, lo que san Josemaría Escrivá enseñaba: «Sed pacientes: en ocasiones, el simple hecho de encontrar a alguno que escucha con interés, sin impaciencias, es un hecho definitivo para que un alma se acerque a Dios»[15].

Pacientes y tenaces, con una perseverancia fundada en la confianza en Dios. Si somos pacientes perseveraremos en el apostolado también cuando las respuestas sean negativas o tarden en llegar; o cuando el esfuerzo que exige una labor se prevea intenso y prolongado. Dios sabe cuándo hará germinar el fruto de una labor apostólica que está marcada por el heroísmo de la paciencia, que es esperanza, confianza en Él.

Recuerdo una anécdota que me edificó mucho. Un muchacho que intentaba acercar a su amigo, compañero de clase de bachillerato, a los sacramentos y a los medios de formación cristiana, recibía de él continuas negativas. Este muchacho no buscaba otra cosa que el bien de su amigo, verlo más contento y abrirle los panoramas que a él se le habían presentado desde que había tenido la gracia de conocer y tratar a Dios en su vida cotidiana. Pues bien, después de varios intentos, su amigo tuvo que pedirle que no le insistiese, le agradecía su preocupación, pero él prefería seguir viviendo así, no sentía la necesidad de Dios.

---

[14] Papa Francisco, *Ex. Ap. Evangelii gaudium*, n. 171.

[15] San Josemaría Escrivá, *Carta* 8-VIII-1956, n. 36.

Este muchacho respetó la libertad de su compañero, pero no dejó de quererle y de buscar lo mejor para él. Entonces, comenzó un verdadero "bombardeo" de oraciones porque se daba cuenta de que lo que su amigo necesitaba era una ayuda de la gracia de Dios, para "ablandar" su corazón. Cada mañana, camino al colegio, pasaba por el condominio en el que vivía su amigo, abría la reja, entraba unos pasos, y ahí, al pie de su ventana rezaba una oración pidiendo por él. Fueron varios meses de constancia y paciencia en aquella oración. Su amigo jamás pudo imaginarse que todo ese tiempo aquel compañero estuvo pidiendo por él, pero después de esa temporada, él mismo buscó a su amigo para pedirle que le acercara a Dios, pues esa necesidad había ido creciendo cada día, y notaba en su corazón ansias de más, de más felicidad. Se había dado cuenta de que hasta ese momento se había conformado con poco y que podía llegar más lejos si metía a Dios en su vida. La oración y tenacidad de un amigo leal, había sido la causa de la que Dios se valió para concederle la fe y esa alegría que tanto anhelaba.

La paciencia en la vida familiar

La paciencia, tan importante en el apostolado, resulta imprescindible para cuidar el espíritu fraterno, armonioso, en la vida de familia. Ese espíritu que distingue desde siempre los hogares cristianos, pues refleja la grandeza de su vocación: «Así pues, les ruego yo, prisionero por el Señor, que vivan una vida digna de la vocación a la que han sido llamados, con toda humildad y mansedumbre, con longanimidad, sobrellevándose unos a otros con caridad, solícitos por conservar la unidad del Espíritu con el vínculo de la paz» (Ef 4, 1-3). Con estas palabras —comenta san Cipriano en su tratado sobre la paciencia ya citado—, la Sagrada Escritura «enseña que no pueden conservarse ni la unidad ni la paz, si no se ayudan mutuamente los hermanos y mantienen el vínculo de la unidad con el auxilio de la paciencia»[16].

Es virtud principal de quienes han constituido una familia y de quienes forman parte de ella: padres, hijos, abuelos, y demás parientes. Todos tienen un papel primordial para preservar el vínculo de la caridad y procurar que su hogar refleje la fe y la esperanza que se vive en su seno, manifestados en la oración, el buen ejemplo y la ayuda mutua con muchas atenciones de servicio llenos de cariño humano y sobrenatural. San Josemaría daba un consejo práctico para conservar siempre ese ambiente en la familia: «Evita esa inclinación de los que tienden a ver más bien —y a veces, solo— lo que no marcha, los errores»[17].

En la Jornada Mundial de la Juventud de Cracovia el verano de 2016, un joven fue entrevistado por un reportero, acerca de los motivos que lo llevaron a viajar miles de kilómetros para participar en el evento, sobre qué era lo que le atraía del papa, y este chico sencillamente respondió: «Lo que admiro de Francisco es su paciencia ante los problemas del mundo. No sé si esto es muy teológico, pero me gusta su paciencia ante la imperfección de la vida. Me explico: supongo que el papa podría cansarse antes las faltas ajenas —o de lo

---

[16] San Cipriano, *De bono patientiae*, n. 15.

[17] San Josemaría Escrivá, *Surco*, n. 399.

que ve de otras personas en la Iglesia— pero es realista con sentido positivo, sin ser fatídico o tremendista y me desafía a vivir una vida sencilla, sin caretas. Además, se juzga primero a sí mismo reconociendo sus errores y luego pide misericordia hacia los demás. Es muy auténtico. Admiro esa autenticidad y paciencia del papa ante la imperfección humana... Sí, en un mundo imperfecto me gusta la gente imperfecta con paciencia ante lo imperfecto».

Como este joven, todos nos sentimos atraídos por esta virtud cuando la vemos encarnada, hecha vida en una persona que sabe aceptar la imperfección de la realidad. Todos necesitamos una buena dosis de esta paciencia para comprender que las personas con las que vivimos no son ideales; que la vida familiar, aun teniendo muchas alegrías, procura también sinsabores. Los defectos personales, las diferencias de carácter chocan entre sí y templan, moldean el propio modo de ser y si no estamos dispuestos a poner en primer lugar la paz del hogar, cualquiera de esas imperfecciones nos puede hacer romper la armonía.

Es muy común que las faltas de caridad que más nos duelen, sean precisamente las cometidas dentro de los límites de nuestros hogares, porque es ahí donde la convivencia se hace más estrecha y se corre el peligro de juzgar con frialdad y con impaciencia a los demás que son, paradójicamente, las personas que más amamos. Por eso es muy duro caer en la cuenta de que nuestras palabras han herido, que nuestras reacciones han sido causa de tristeza para los demás, cuando son ellos, precisamente, las personas a las que más debemos, a las que desearíamos lo mejor y por las que nos desvivimos cada día para que sean felices.

Especialmente en la convivencia con los infantes, que trae tantas alegrías, también podemos encontrar ocasiones de nerviosismo por sus impertinencias y caprichos. Los padres de niños pequeños deben reconocer el valor del descanso para mantenerse fuertes mental y físicamente y no dejar que los nervios estallen. El descanso es necesario. Los cónyuges deben ayudarse mutuamente a tomar un tiempo para despejarse, respetar las horas de sueño adecuadas y procurar lo que contribuye a mantenerse lúcidos.

Cuando las faltas de nuestros seres queridos se repiten con frecuencia, podrían hacernos perder la paciencia y faltar a la caridad, romper la convivencia o hacer ineficaz nuestro interés en ayudarles. Por eso es necesario pedir a Dios la gracia especial de saber mantener la serenidad y de aprender a querer a todos de verdad, que quiere decir ayudarles a mejorar y, al mismo tiempo, aceptarlos como son, porque sabemos descubrir en ellos a Cristo, que espera y recibe nuestro cariño, nuestros cuidados.

Santa Teresa de Liseux cuenta en su autobiografía un hecho cotidiano encantador, que manifiesta ese amor de Dios que le llevaba a superar las diferencias en la cotidianidad del convento: «Hay en la comunidad una hermana que tiene el don de desagradarme en todo. Sus modales, sus palabras, su carácter me resultan sumamente desagradables. Sin embargo, es una santa religiosa, que debe de ser sumamente agradable a Dios.

»Cada vez que la encontraba, pedía a Dios por ella, ofreciéndole todas sus virtudes y sus méritos. Sabía muy bien que esto le gustaba a Jesús, pues no hay artista a quien no le guste recibir alabanzas por sus obras. (...) Trataba de prestarle todos los servicios que podía; y cuando sentía la tentación de contestarle de manera desagradable, me limitaba a dirigirle la más encantadora de mis sonrisas y procuraba cambiar de conversación.

»Como ella ignoraba por completo lo que yo sentía hacia su persona, nunca sospechó los motivos de mi conducta (...), y estaba convencida de que su carácter me resultaba agradable. Un día, en la recreación, me dijo con aire muy satisfecho más o menos estas palabras: "¿Querría decirme, hermana Teresa del Niño Jesús, qué es lo que la atrae tanto en mí?". ¡Ay!, lo que me atraía era Jesús, escondido en el fondo de su alma... Jesús, que hace dulce hasta lo más amargo... Le respondí que sonreía porque me alegraba verla (por supuesto que no añadí que era bajo un punto de vista espiritual)»[18].

Con esa sencillez debemos vivir vigilantes en la vida familiar, que es una verdadera palestra para crecer en la virtud cristiana de la paciencia, sobre todo si, por cualquier motivo, tenemos que ayudar a los otros en su formación (los padres a los hijos, los hermanos mayores a los pequeños), o en su enfermedad (los hijos a sus padres, a sus abuelos o los hermanos entre sí). Hemos de contar con los defectos de las personas con las que vivimos. Muchas veces nos daremos cuenta de que están luchando por superarlos con empeño, y debemos valorar también sus progresos.

La caridad, el amor a Dios, nos ayudará a ser pacientes, sin dejar de corregir cuando sea el momento más

---

[18] Santa Teresa de Liseux, *Historia de un alma*, San Pablo Editorial, 2000, p. 147.

indicado y oportuno. Esperar un tiempo, sonreír, dar una buena contestación ante una impertinencia puede hacer que nuestras palabras lleguen al corazón de esas personas, y siempre llegan al Corazón del Señor, que nos mira con especial cariño cuando sabemos tratar misericordiosamente a los demás dentro del hogar.

Precisamente en lo que respecta a la corrección, los padres encuentran en este terreno un desafiante reto para educar sin sobresaltos. La tarea de educar en la fe y en la virtud implica mucha abnegación, muchos sacrificios y mucha paciencia para no desanimarse cuando los resultados parecen infructuosos. «Mientras tenemos ocasión, trabajemos por el bien de todos, especialmente por el de la familia de la fe. No nos cansemos de hacer el bien, que, si no desmayamos, a su tiempo cosecharemos. Estas palabras exhortan a que nadie, por impaciencia, decaiga en el bien obrar o, solicitado y vencido por la tentación, renuncie en medio de su brillante carrera echando así a perder el fruto de lo ganado, por dejar sin terminar lo que empezó. En fin, cuando el apóstol habla de la caridad, une inseparablemente con ella la constancia y la paciencia: La caridad es paciente, afable; no tiene envidia; no presume ni se engríe; no es mal educada ni egoísta; no se irrita, no lleva cuentas del mal; disculpa sin límites, cree sin límites, espera sin límites, aguanta sin límites. Indica, pues, que la caridad puede permanecer, porque es capaz de sufrirlo todo. Y en otro pasaje escribe: Sobrellevaos mutuamente con amor; esforzaos en mantener la unidad del Espíritu, con el vínculo de la paz»[19].

---

[19] San Cipriano, *De bono patientiae,* nn. 14-15.

Es deber de los padres corregir, educar, mostrar el camino de la virtud. En las últimas décadas hemos visto una especie de renuncia en este campo, ante la transformación cultural de la sociedad, cada vez más decepcionada de la autoridad y más proclive a exaltar el valor de una libertad absolutizada, individualista, privada de sentido y de responsabilidad. Sin embargo, el problema no es nuevo. En todas las épocas los padres y pastores han encontrado dificultad para persuadir sin coacción a que sus súbditos apuesten por la virtud y aprendan, porque quieren, libremente, a ordenar su vida de acuerdo con los mandamientos de Dios, para lograr una vida verdaderamente feliz.

De un gran educador, como lo fue san Juan Bosco, el consejo valiosísimo: «En los casos más graves, es mejor rogar a Dios con humildad que arrojar un torrente de palabras, ya que estas ofenden a los que las escuchan, sin que sirvan de provecho alguno a los culpables»[20].

En este caso, como en todo lo demás, la oración juega un papel primordial. Los padres y las madres que rezan por sus hijos, que elevan su corazón a Dios con perseverancia, acaban consiguiendo la gracia que piden para ellos. «Es imposible que se pierda el hijo de tantas lágrimas», decía san Ambrosio, obispo de Milán, a santa Mónica, madre de san Agustín, cuando pedía consuelo por el sufrimiento que experimentaba ante la conducta de su hijo que de modo patente iba por caminos de perdición.

---

[20] San Juan Bosco, *Epistolario*, Torino 1959, 4, 201-203.

Años después, san Agustín mismo, quizá movido por el ejemplo de su madre, se quejaba así de esos pastores tibios que no corrigen a sus súbditos, que no cumplen con su deber, desalentados ante la pertinacia de las almas que les está encomendado apacentar: «*No recogéis a las descarriadas, ni buscáis a las perdidas. En este mundo andamos siempre entre las manos de los ladrones y los dientes de los lobos feroces y, a causa de estos peligros nuestros, os rogamos que oréis. Además, las ovejas son obstinadas. Cuando se extravían y las buscamos, nos dicen, para su error y perdición, que no tienen nada que ver con nosotros: "¿Para qué nos queréis? ¿Para qué nos buscáis?". Como si el hecho de que anden errantes y en peligro de perdición no fuera precisamente la causa de que vayamos tras de ellas y las busquemos. "Si ando errante —dicen—, si estoy perdida, ¿para qué me quieres? ¿Para qué me buscas?". Te quiero hacer volver precisamente porque andas extraviada; quiero encontrarte porque te has perdido. "¡Pero si yo quiero andar así, quiero así mi perdición!". ¿De veras así quieres extraviarte, así quieres perderte? Pues tanto menos lo quiero yo. Me atrevo a decirlo, estoy dispuesto a seguir siendo inoportuno. Oigo al apóstol que dice: Proclama la palabra, insiste a tiempo y a destiempo. ¿A quiénes insistiré a tiempo, y a quiénes a destiempo? A tiempo, a los que quieren escuchar; a destiempo, a quienes no quieren. Soy tan inoportuno que me atrevo a decir: "Tú quieres extraviarte, quieres perderte, pero yo no quiero". Y, en definitiva, no lo quiere tampoco aquel a quien yo temo. Si yo lo quisiera, escucha lo que dice, escucha su increpación: No recogéis a las descarriadas, buscáis a las perdidas. ¿Voy a temerte más a ti que a mí mismo? Todos* tendremos que comparecer ante el tribunal de Cristo. De manera que seguiré llamando a las que andan errantes y buscando a las perdidas. Lo haré, quieras o no quieras. Y, aunque en mi búsqueda me desgarren las zarzas del bosque, no dejaré de introducirme en todos los escondrijos, no dejaré de indagar en todas las matas; mientras el Señor a quien temo me dé fuerzas, andaré de un lado a otro sin cesar. Llamaré mil veces a la errante, buscaré a la que se halla a punto de perecer. Si no quieres que sufra, no te alejes, no te expongas a la perdición. No tiene importancia lo que yo sufra por tus extravíos y tus riesgos. Lo que temo es llegar a matar a la oveja sana, si te descuido a ti. Pues oye lo que se dice a continuación: Matáis las ovejas más gordas. Si olvido a la que se extravía y se expone a la perdición, la que está sana sentirá también la tentación de extraviarse y de ponerse en peligro de perecer»[21].

Con esa santa paciencia y tenacidad los padres deben buscar sin cansancio el bien de sus hijos, pero es importante que entiendan que su papel, sobre todo cuando los hijos crecen y tienen ya su propia autonomía, es el de ser como esos faros que desde el puerto dirigen las embarcaciones. Los hijos, en el aprendizaje del uso de su libertad pueden sufrir tropiezos, errores, confusiones, alejamientos y rebeldías; pero si los padres son firmes, si no dejan de iluminar con su ejemplo, con su oración, con sus consejos y advertencias llenas de piedad y de paciencia, el hijo no se perderá. Por eso los padres han de vencer la tentación de echarse al mar para forzar el buen rumbo de la embarcación, un faro sirve en la

---

[21] San Agustín, *Ex Sermone De pastoribus*, Sermo 46, 14-15.

tierra, bien anclado, firme, inconmovible, y siempre iluminando. Se puede ser muy exigente con los hijos y hacerlo con mucha paz y cariño. Firmes, sin ceder en lo que no es bueno, pero sin usar palabras hirientes, sin nerviosismos ni voces altisonantes.

«No reprendas cuando sientes la indignación por la falta cometida. Espera al día siguiente, o más tiempo aún. Y después, tranquilo y purificada la intención, no dejes de reprender. Vas a conseguir más con una palabra afectuosa que con tres horas de pelea. Modera tu genio»[22].

Para convivir y educar así se requiere mucho sacrificio. Pidámosle al Señor que nos haga humildes, que nos haga pacientes para saber que ese es el camino justo, que no perdamos nunca la paz cuando nos topemos con la imposibilidad de entrometernos en la libertad ajena, que hemos de respetar delicadísimamente como Él hace con todos. Como el padre del hijo pródigo (cfr. Lc 15, 11-32), debemos saber esperar la vuelta de aquel que por frivolidad o indolencia se apartó del hogar donde todo lo tenía, y volvió después lleno de arrepentimiento y humildad. El regreso a la casa paterna fue la dicha del hijo y también del padre, porque a partir de entonces nunca más se separaron. Si el padre hubiera ido en su búsqueda y lo hubiera forzado a entrar de nuevo, el hijo hubiera escapado en la primera oportunidad.

Abnegación, espíritu de sacrificio, paciencia. Pidamos estas gracias al Espíritu Santo, porque «Dios no nos convoca solo a convivir con los demás, sino a vivir

---

[22] San Josemaría Escrivá, *Camino*, n. 10.

para los demás. Nos reclama una "caridad afectuosa, que sepa acoger a todos con una sincera sonrisa"[23]. Por eso acudamos siempre a la oración, especialmente cuando pensemos que una situación o una persona nos supera, para confiar entonces al Señor los obstáculos que encontramos en nuestro caminar. Roguémosle que nos ayude a superarlos, a no atribuirles un peso que no tienen. Pidámosle que nos conceda un amor a la medida del suyo, por intercesión de Santa María, *Mater misericordiæ*»[24].

La paciencia en la vida profesional

Para un cristiano que vive en medio del mundo y que está llamado a ser fermento de la sociedad santificándose en el ejercicio de su profesión, todas las virtudes cristianas entran en juego para hacer de ese trabajo una ofrenda agradable a Dios. Todo lo que hasta aquí hemos dicho acerca de la virtud de la paciencia, tiene su aplicación en el mundo laboral. Cuántas ocasiones se presentan para saber esperar, porque nuestro trabajo depende del de otros y hemos de colaborar con todo tipo de personas. Cuántas ocasiones tenemos para trabajar con constancia, pacientemente, sin dejarnos llevar por el deseo de que nuestro esfuerzo sea rápidamente reconocido y recompensado.

Tratamos este tema porque estamos bien metidos en una cultura que nos lleva a obtener satisfacciones cada

---

[23] San Josemaría Escrivá, *Forja*, n. 282.

[24] Javier Echevarría, Obispo Prelado del Opus Dei, *Carta pastoral* 1-XI-2016.

vez más rápidas, resultados inmediatos, y hemos de recordar que no todo en la vida es posible obtenerlo así, a la velocidad de un *click*. Una de esas realidades que requieren un camino paciente es precisamente el éxito en la vida profesional. Requiere tiempo. Es una carrera de fondo al final de la cual se encuentra esa satisfacción tan anhelada por tantos y saboreada por tan pocos.

Cada día, la complejidad de la vida profesional exige el trabajo en equipo, que nuestra labor cuente con el trabajo de los demás. La diligencia, siempre necesaria, lo es aún más cuando nuestro trabajo forma parte de un plan que ocupa también a otras personas. No podemos hacer un trabajo defectuoso con el pretexto de la urgencia, que obligaría a otros a acabar lo que debimos completar nosotros. «Diligente viene del verbo *diligo*, que es amar, apreciar, escoger como fruto de una atención esmerada y cuidadosa. No es diligente el que se precipita, sino el que trabaja con amor»[25]. No se trata de realizar la labor de prisa y corriendo, ni de pasar a otros las cosas a medio terminar; lo que debemos procurar es no retener un trabajo en nuestras manos ni un minuto más del tiempo que sea necesario para hacerlo bien.

Hace falta mucha paciencia para dedicar muchas horas de trabajo oculto, bien hecho, cuidando los detalles, para que ese trabajo se convierta en un medio de perfeccionamiento personal y de sostenimiento de la propia familia. Además, un trabajo así, intenso, constante, ordenado, impregnado de amor a Dios y al prójimo, se convierte en alabanza al Creador y Padre

[25] San Josemaría Escrivá, *Amigos de Dios*, n. 81.

nuestro, contribuyendo al progreso de la sociedad, y volviéndose medio de santificación personal y ajena, al ser también el ámbito en el que procuramos acercar a los demás a Dios, a esos colegas con quienes compartimos codo a codo los esfuerzos por sacar adelante esos proyectos humanos, con afán cristiano de servir.

Ese es el espíritu que desde los inicios del cristianismo impregnaba las primeras comunidades: «Que el Señor dirija sus corazones hacia el amor de Dios y la paciencia de Cristo. Hermanos, les ordenamos en nombre de nuestro Señor Jesucristo que se alejen de todo hermano que ande ocioso y no conforme a la tradición que recibieron de nosotros. Pues ustedes saben bien cómo imitarnos, porque entre ustedes no estuvimos ociosos; y no comimos gratis el pan de nadie, sino que trabajamos día y noche con esfuerzo y fatiga, para no ser gravoso a ninguno (...). Pues también cuando estábamos con ustedes les dábamos esta norma: "Si alguno no quiere trabajar, que no coma". Pues oímos que hay algunos que andan ociosos entre ustedes sin hacer nada pero curioseándolo todo. A esos les ordenamos y exhortamos en el Señor Jesucristo a que coman su propio pan trabajando con serenidad» (2Te 3, 5-13).

Un trabajo intenso, y al mismo tiempo sereno, porque se realiza con espíritu de hijos de Dios, que nos invita a trabajar en su *viña* (cfr. Mt 21, 28), para conseguir mucho más que solo el propio sostenimiento. El Señor nos pide trabajar en su *viña*, en este mundo que ha creado y nos ha entregado por herencia, para que lo cultivemos y le demos forma según su Voluntad, de modo que al trabajar participemos de su poder creador, una prolongación de su obra, que sea *trabajo de Dios* como el trabajo humano de Jesús en Nazaret.

Con frecuencia encontramos personas aburridas, con un trabajo monótono, carente de perspectivas animantes, ni siquiera saben decir porqué trabajan: quizá su único fin es la obtención de medios económicos para sustentarse, o quedar bien ante las personas de las que dependen. Son las que vemos trabajando sin otro horizonte que el fin de semana, en el que podrán descansar de esa tarea que los abruma. En otras ocasiones, contemplamos una especie de hipertrofia de la profesión, que lleva a algunos a entregarse al trabajo como a una droga, en un refugio frente a sus obligaciones religiosas, familiares, o en ocasión para desertar de otros compromisos que les pueden resultar más onerosos o quizá menos brillantes.

El sentido sobrenatural del trabajo debe manifestarse en el talante de un hombre cristiano, de una mujer cristiana, que sabe estar por encima de las vicisitudes cotidianas, ofreciendo su trabajo como oblación a Dios y dando un sentido mucho más amplio a su labor; sin ver en su trabajo profesional algo relacionado con el egoísmo, la vanidad o la soberbia, sino la posibilidad de servir a todos los hombres por amor a Dios, porque el gran privilegio del hombre es poder amar, trascendiendo lo efímero y lo transitorio.

Estas ideas nos pueden iluminar en los momentos en los que el trabajo profesional se vuelve fuente de inquietudes, de incertidumbres, situaciones amenazantes. Si trabajamos por Dios, Él nos ayudará a mantener la mirada puesta en Él.

«Estás intranquilo. —Mira: pase lo que pase en tu vida interior o en el mundo que te rodea nunca olvides que la importancia de los sucesos o de las personas es muy relativa. —Calma: deja que corra el tiempo; y, después, viendo de lejos y sin pasión los acontecimientos y las gentes adquirirás la perspectiva, pondrás cada cosa en su lugar y con su verdadero tamaño. Si obras de este modo serás más justo y te ahorrarás muchas preocupaciones»[26].

La vida profesional está llena de ocasiones para ser pacientes. En primer lugar, en la realización del propio quehacer, para perseverar, como se ha dicho, y conseguir las metas propuestas. Una antigua historia popular nos puede servir para ilustrar la importancia de contar con el tiempo y el esfuerzo prolongado para conseguir los objetivos trazados:

«Nadaba lánguidamente el pececillo allá en el fondo del pequeño estanque. Los discípulos de Hu-Ssong se propusieron atraparlo. El primero trajo un anzuelo: el pez se alejó del engaño sin mirarlo. El segundo se arrojó al estanque para tratar de coger el pececito con las manos, pero se le escurrió una y otra vez. El tercer discípulo trajo arco y flechas y empezó a disparar sus saetas tratando de ensartar al pez: las flechas se desviaban y caían, sin fuerza ya, en el fondo.

—Jamás podremos atrapar el pez, —dijeron los discípulos. Hu-Ssong tomó una jarra, se arrodilló en la orilla y comenzó a sacar agua del estanque.

—Seguramente tardaré algo —dijo con una sonrisa—, pero yo sí conseguiré atrapar el pez—. Los discípulos

[26] San Josemaría Escrivá, *Camino*, n. 702.

entendieron la lección: el buen éxito es muchas veces el resultado de un trabajo largo y de una larga paciencia»[27].

Es necesaria esa disposición de trabajar con constancia, con paciencia, con seguridad de alcanzar un objetivo a largo plazo. El esfuerzo mantenido a lo largo del tiempo es condición del éxito especialmente en el mundo laboral. Ahora bien, ese esfuerzo debe estar bien focalizado, como nos enseña el cuento chino. Si el hombre del anzuelo hubiera perseverado pacientemente por días enteros, no por eso tendría la seguridad de que el pez picaría. Tampoco aquel que perseverara lanzando flechas, tendría la certeza de que una de ellas daría en el blanco. En cambio, Hu-Ssong tenía la seguridad, porque su tarea de vaciar el estanque era garantía de éxito. El esfuerzo en este caso estaba puesto en los medios adecuados para la consecución del fin.

Recuerdo a propósito lo que un joven profesionista, casado y con dos hijos me contó en una ocasión: Estaba desanimado profesionalmente, todos sus esfuerzos en el trabajo parecía que no tenían ninguna recompensa, él se esforzaba sinceramente por ser cada día más eficaz, entregado, colaborativo, pero ni su jefe ni nadie parecía reconocérselo. Esto lo llevaba a su vez a descuidar el trabajo y a hacerlo desmotivado, descuidando muchos pequeños detalles a los que no veía el sentido de atender cuando nadie los valoraba. La situación fue convirtiéndose en un círculo vicioso, en una especie de obsesión y, poco a poco, casi sin darse cuenta, comenzó a vivir *para* el

---

[27] Cuento popular chino.

trabajo, buscando desesperadamente obtener mejores resultados, y descuidando al mismo tiempo otros ámbitos de su vida, como su papel de esposo y padre.

Esta situación lo llevó durante una temporada a llegar a diario muy noche a casa, a tener discusiones con su mujer que reprochaba su ausencia, a sentirse mal con sus hijos por dedicarles poquísimo tiempo, etc. Hasta que un buen día, un amigo lo invitó a hacer unos días de retiro espiritual. Ahí, puesto bajo la mirada de Dios, reflexionando sobre lo que estaba haciendo con su vida, formuló un buen propósito, se decidió a dejar de buscar el reconocimiento de su jefe y de sus colegas del trabajo, y enfocarse en recuperar el reconocimiento de su mujer como buen esposo, y de sus hijos como buen padre. El resultado fue que, después de dos semanas esforzándose por llegar temprano a casa, tener varios detalles extraordinarios de cariño con su mujer y dedicando el fin de semana a pasear y jugar con sus hijos, sintió de inmediato el reconocimiento de su familia que le agradecía de palabra y con hechos, que estaban muy contentos de esa nueva actitud, que estaba llenando de alegría a todos. Después de mucho tiempo, experimentó que su esfuerzo estaba siendo valorado, sintió fortalecerse su autoestima, la paz de su corazón se hizo más profunda dedicando cada día unos minutos a orar en acción de gracias a Dios, y supo superar los problemas del trabajo. Muy pronto también en su vida profesional comenzó a experimentar que su trabajo era más apreciado y él estaba más sereno. Estaba poniendo el esfuerzo en lo justo, en lo correcto, aunque en un primer momento parecía secundario, era necesaria esa paciencia para saber invertir primero en su propia interioridad y en su relación familiar, lo demás llegó después sin faltar.

Paciencia para trabajar en lo importante, día a día, pero también es necesaria en el trabajo para convivir con los colegas o personas que no siempre se acercan a nosotros con intenciones rectas. No es desconocido para nadie que muchas veces se encuentran en el trabajo obstáculos ocasionados por problemas de relación, generados por envidias, suspicacias, críticas negativas, por personas que, por inseguras, buscan afianzar su propia posición sometiendo o haciendo tropezar a los demás.

Para sobrellevar con serenidad esos embates que en ocasiones pueden volverse violentos y amenazantes de nuestra salud física y psíquica debemos, por una parte, tener la misma humildad y caridad de la que hablamos para sobrellevar los defectos del prójimo, y por otra, responder con elegancia, sabiendo que el mejor modo de vencer el mal es ahogándolo en abundancia de bien.

En este sentido, vale la pena leer el siguiente pasaje de un autor espiritual de los primeros siglos de la Iglesia, que puede ayudarnos a ser humildes ante este tipo de adversidad, pues cuando recibimos malos tratos tendemos a reaccionar de inmediato, cuando nos viene bien examinarnos antes a nosotros mismos:

«El que se acusa a sí mismo acepta con alegría toda clase de molestias, daños, ultrajes, ignominias y otra aflicción cualquiera que haya de soportar, pues se considera merecedor de todo ello, y en modo alguno pierde la paz. Nada hay más apacible que un hombre de ese temple. Pero quizá alguien me objetará: "Si un hermano me aflige, y yo, examinándome a mí mismo, no encuentro que le haya dado ocasión alguna, ¿por qué tengo que acusarme?". En realidad, el que se examina con diligencia y con temor de Dios nunca se hallará del todo inocente, y se dará cuenta de que ha dado alguna ocasión, ya sea de obra, de palabra o con el pensamiento. Y, si en nada de esto se halla culpable, seguro que en otro tiempo habrá sido motivo de aflicción para aquel hermano, por la misma o por diferente causa; o quizá habrá causado molestia a algún otro hermano. Por esto, sufre ahora en justa compensación, o también por otros pecados que haya podido cometer en muchas otras ocasiones. Otro preguntará por qué deba acusarse si, estando sentado con toda paz y tranquilidad, viene un hermano y lo molesta con alguna palabra desagradable o ignominiosa y, sintiéndose incapaz de aguantarla, cree que tiene razón en alterarse y enfadarse con su hermano; porque, si este no hubiese venido a molestarlo, él no hubiera pecado.

»Este modo de pensar es carente de toda razón. En efecto, no es que al decirle aquella palabra haya puesto en él la pasión de la ira, sino que más bien ha puesto al descubierto la pasión de que se hallaba aquejado; con ello, le ha proporcionado ocasión de enmendarse, si quiere. Este tal es semejante a un trigo nítido y brillante que, al ser roto, pone al descubierto la suciedad que contenía.

»Así también el que está sentado en paz y tranquilidad, según cree, esconde, sin embargo, en su interior una pasión que él no ve. Viene el hermano, le dice alguna palabra molesta y, al momento, aquel echa fuera todo el pus y la suciedad escondidos en su interior. Por lo cual, si quiere alcanzar misericordia, mire de enmendarse, purifíquese, procure perfeccionarse, y verá que, más que atribuirle una injuria, lo que tenía que haber hecho era dar gracias a aquel hermano, ya que le ha sido motivo de tan gran provecho. Y, en lo sucesivo, estas pruebas no le causarán tanta aflicción, sino que, cuanto más se vaya perfeccionando, más leves le parecerán. Pues el alma, cuanto más avanza en la perfección, tanto más fuerte y valerosa se vuelve en orden a soportar las penalidades que le puedan sobrevenir»[28].

Cuánto serviría encontrar estas reacciones humildes en el ámbito profesional; sería un modo eficaz de no dejar crecer los problemas que suscita la soberbia, porque el sentirse de inmediato humillado, despierta deseos de revancha que entorpecen las relaciones, las hacen cada vez más ríspidas, hipócritas y malhumoradas.

No se trata de dejarnos insultar, siendo personas que confunden la humildad con la pusilanimidad. Se trata más bien de no dar mayor importancia a los pequeños roces provocados por los modos de ser de los demás, sabiendo ofrecer a Dios las pequeñas humillaciones. Se trata también de no reaccionar ante la violencia con la misma moneda. Un cristiano, una cristiana sabe hacer frente a la violencia haciendo que el otro se enfrente consigo mismo y se tope con lo absurdo de su proceder. Así actuó Nuestro Señor cuando, siendo interrogado, recibió una bofetada de parte de uno de los criados del sumo sacerdote. Jesús pudo responder invocando con su mente divina un rayo que partiera en dos a su agresor; sin embargo, después de ese golpe injusto y violento nuestro Señor le contestó: «Si he hablado mal, declara ese mal; pero si tengo razón, ¿por qué me pegas?» (Jn 18, 23).

---

[28] San Doroteo Abad, *De accusatione sui ipsius*, 2-3.

Jesús no adopta una actitud de sumisión que provocaría que el otro se afianzara en su violencia. Le hace frente, pero con la razón: haciendo esa pregunta que provoca que el agresor se enfrente consigo mismo: ¿por qué me pegas?

Hay un hecho de la vida de santa Teresa de Calcuta que lo ilustra maravillosamente. Se cuenta que una ocasión se acercó a una panadería, con una niña que llevaba de la mano. Al acercarse al hombre que estaba en el mostrador le suplicó: «¿Tendrá usted la caridad de darme algo para esta niña que no ha comido nada el día de hoy?». El hombre aquel, que quién sabe por qué razón alimentaba sentimientos de desprecio hacia la Madre Teresa y su labor con los más necesitados, le respondió escupiendo en su mano y diciéndole: «Esto le doy, váyase ya». La santa cerró la mano y con el puño levantado se dirigió a aquel hombre amargado diciéndole: «Muy bien, esto lo recibo para mí, bien merecido lo tengo. Ahora, ¿no tendrá algo para esta pobre niña que no ha comido nada el día de hoy?». La reacción de la santa era para aquel hombre una bofetada en su corazón endurecido. Se quedó frío, y pidió perdón a la Madre Teresa.

Pidamos a Dios la sabiduría para no impacientarnos ante las agresiones, ante las dificultades, y no olvidemos que aquí estamos de paso. Podemos decir con santa Teresa de Jesús, que esta vida, cuando el dolor y las penas se enconan es solamente *una mala noche en una mala posada*, que pronto dejará paso a la aurora. No podemos esperar la felicidad completa en esta vida. Es el Cielo, la vida bienaventurada a la que estamos llamados, y es ahí donde serán colmadas todas nuestras ansias de plenitud: «Practiquemos, pues, el bien, para que al fin nos salvemos. Dichosos los que obedecen estos preceptos; aunque por un poco de tiempo hayan de sufrir en este mundo, cosecharán el fruto de la resurrección incorruptible. Por esto, no ha de entristecerse el justo si en el tiempo presente sufre contrariedades: le aguarda un tiempo feliz; volverá a la vida junto con sus antecesores y gozará de una felicidad sin fin y sin mezcla de tristeza. Tampoco ha de hacernos vacilar el ver que los malos se enriquecen, mientras los siervos de Dios viven en la estrechez. Confiemos, hermanos y hermanas: sostenemos el combate del Dios vivo y lo ejercitamos en esta vida presente, con miras a obtener la corona en la vida futura. Ningún justo consigue enseguida la paga de sus esfuerzos, sino que tiene que esperarla pacientemente. Si Dios premiase enseguida a los justos, la piedad se convertiría en un negocio; daríamos la impresión de que queremos ser justos por amor al lucro y no por amor a la piedad. Por esto, los juicios divinos a veces nos hacen dudar y entorpecen nuestro espíritu, porque no vemos aún las cosas con claridad»[29].

Mostrar "buena cara" a nuestro jefe o compañero de trabajo, cuando nos pide un favor en un momento inoportuno, es una buena ocasión para ejercitarnos en esta virtud, y en vez de mostrar impaciencia y hacer las cosas de mala gana, contar con eso como parte integrante de nuestra labor y elegir libremente realizarla gustosamente.

La paciencia siempre tendrá sus recompensas: mantener y mejorar las relaciones con los compañeros

---

[29] Homilía de un autor del siglo II, en la *Liturgia de las Horas*, *lectio altera* del sábado XXXII del Tiempo Ordinario.

de trabajo con quienes compartimos tantas horas de nuestro día, además de que facilitaremos crear lazos de amistad duradera y obtener los resultados deseados en aquella tarea a la que hemos dedicado mucho tiempo y esfuerzo. La persona que es capaz de vivir la paciencia posee la fortaleza para afrontar las contrariedades conservando la calma y el equilibrio interior, logrando comprender mejor la naturaleza de las circunstancias generando paz y armonía a su alrededor.

A la Virgen Santísima, que supo permanecer fiel a los designios de Dios, que supo acompañar valientemente a su Hijo en su Pasión y esperar pacientemente su Resurrección, le pedimos que nos fortalezca y nos conceda el don de la paciencia, para vivir creyendo, esperando y amando.

> Como la gota que la peña horada,
> Cayendo levemente noche y día,
> Así consigue ver con alegría
> La paciencia, su obra terminada.
>
> Nadie le estorba ni arrebata nada,
> Al perseguir su objeto con porfía;
> Prosigue su labor, y en Dios confía
> Hasta llegar al fin de la jornada.
>
> Con gotas de agua formáronse los mares;
> Con menudas arenas, el desierto;
> Con minutos, periodos seculares;
> Con la paciencia y un camino cierto,
> El peregrino llega a sus hogares;
> Y el navegante al suspirado puerto.

Anónimo.

APÉNDICE DE ORACIONES PARA PEDIR LA PACIENCIA

Salmo 26

El Señor es mi luz y mi salvación: ¿a quién temeré?
El Señor es el refugio de mi vida: ¿de quién tendré miedo?
Cuando se me acercan malhechores para devorar mi carne,
mis opresores y enemigos, ellos tropiezan y caen.
Aunque acampe contra mí un ejército, mi corazón no teme.
Aunque se levante contra mí la guerra, me siento seguro.
Una cosa pido al Señor, esta solo busco:
habitar en la Casa del Señor todos los días de mi vida,
para gozar de las delicias del Señor y contemplar su Templo.
Él me ocultará en su tienda en los días aciagos;
me esconderá en lo secreto de su morada, me subirá a lo alto
    de una roca.
Entonces será exaltada mi cabeza sobre los enemigos que me
    cercan;
ofreceré en su morada sacrificios jubilosos, cantaré y
    entonaré salmos al Señor.
Escucha mi voz, Señor: yo te invoco; ten piedad de mí,
    respóndeme.
De ti piensa mi corazón: «Busca su rostro».
Tu rostro, Señor, buscaré. No me escondas tu rostro.
No rechaces con ira a tu siervo. Tú eres mi auxilio:
no me rechaces, no me abandones, Dios de mi salvación.
Aunque mi padre y mi madre me abandonen, el "Señor me
    recogerá.
Indícame, Señor, tu camino, guíame por el sendero recto

a causa de los que me persiguen.

No me entregues al capricho de mis adversarios,

pues se levantan contra mí falsos testigos, que respiran
violencia.

Seguro estoy de ver la bondad del Señor en la tierra de los
vivos.

Espera en el Señor, sé recio, que se reanime tu corazón.

¡Espera en el Señor!

Salmo 33

Bendigo al Señor en todo tiempo;
su alabanza está en mi boca de continuo.

Mi alma se gloría en el Señor;
que lo escuchen los humildes y se alegren.

Engrandezcan conmigo al Señor; ensalcemos juntos su
Nombre.

Busqué al Señor y me ha escuchado, me ha librado de todos
mis temores.

Mírenle y brillarán de gozo, sus rostros no se avergonzarán.

Cuando el pobre invoca, el Señor le escucha,
y lo salva de todas sus angustias.

El ángel del Señor se sitúa alrededor de los que le temen para
librarlos.

Gusten y vean qué bueno es el Señor,
dichoso el hombre que se refugia en Él.

Teman al Señor sus santos, que nada falta a los que le temen.

Los ricos se empobrecen y pasan hambre,
pero los que buscan al Señor de nada carecen.

Vengan, hijos, escúchenme, les enseñaré el temor del Señor.

¿Quién hay que no quiera la vida, que no apetezca los días
para disfrutar del bien?

Guarda tu lengua del mal, y tus labios de "dolosas palabras;

evita el mal y haz el bien, busca la paz, ve tras ella.

Los ojos del Señor están pendientes de los justos,

sus oídos, atentos a su clamor.

El rostro del Señor está contra los malhechores para borrar de la tierra su memoria.

Claman y el Señor los escucha, y los libra de todas sus angustias.

El Señor está cerca de los contritos de corazón, y salva a los de espíritu abatido.

Muchas son las aflicciones del justo, pero el Señor le libra de todas;

Él guarda todos sus huesos, ni uno solo será quebrantado.

La malicia mata al impío; los que odian al justo serán condenados.

El Señor rescata el alma de sus siervos; cuantos en Él se refugian no serán condenados.

Salmo 37

No te acalores pensando en los malos ni envidies a los que cometen maldad.

Muy pronto se marchitarán como la hierba, se secarán como el verdor de los prados.

Confía en el Señor y haz el bien, habita en tu tierra y come tranquilo.

Pon tu alegría en el Señor, él te dará lo que ansió tu corazón.

Encomienda al Señor tus empresas, confía en él que lo hará bien.

Hará brillar tus méritos como la luz y tus derechos como el sol del mediodía.

Cállate ante el Señor y espéralo;

no te indignes por el aprovechador, por el que atropella al pobre y al pequeño.

Calma tu enojo, renuncia al rencor, no te exasperes, que te haría mal.

Pues los malvados serán extirpados y tendrán la tierra los que esperan al Señor.

Solo un momento y ya no está el impío, si buscas dónde estaba ya no lo encontrarás.

Los humildes heredarán la tierra y será grande su prosperidad.

El malo complota contra el justo, y rechina los dientes contra él.

Pero el Señor se burla de él, porque ve que le llega su hora.

Han desenvainado la espada los malvados y tensado su arco para matar al justo.

Pero su espada les traspasa el corazón y sus arcos se rompen.

Al que es justo le va mejor con poco que al malvado con toda su riqueza.

Porque al malo le quebrarán los brazos, en cambio a los justos los apoya el Señor.

El Señor cuida los días de los buenos, su herencia será eterna.

Cuando haya escasez no tendrán problemas y tendrán qué comer cuando arrecie el hambre.

Pero los impíos perecerán y sus hijos mendigarán el pan.

Los que odian al Señor desaparecen como flores del prado, y se desvanecen como el humo.

El impío pide fiado y no devuelve, pero el justo es compasivo y comparte.

Los que él bendice poseerán la tierra, y los que él maldice serán eliminados.

El Señor guía los pasos del hombre; lo afirma si le gusta su conducta.

Si el bueno cae, no se queda en tierra, porque el Señor lo tiene de la mano.

Fui joven y ahora soy viejo, pero nunca vi a un justo abandonado.

No se ha cansado de dar y prestar: en sus hijos se notará la bendición.

Apártate del mal y haz el bien, y tendrás una casa para siempre.

Porque el Señor ama lo que es justo y no abandona jamás a
sus amigos.

Los pecadores perecerán para siempre y se acabará la raza de
los malos.

Los justos poseerán la tierra y habitarán en ella para siempre.

Medita el justo los dichos de los sabios y si habla, expresa lo
que es justo.

Con la ley del Señor en su corazón, sus pasos no vacilan.

El malvado anda espiando al justo y trata siempre de darle
muerte.

Pero el Señor no lo deja en sus manos ni permite que sus
jueces lo condenen.

Espera en el Señor y sigue su camino,

él te librará de los impíos, y te mantendrá hasta que heredes
la tierra;

presenciarás la caída de los malos.

He visto al impío, vuelto tirano, elevarse como un cedro del
Líbano.

Pasé de nuevo, pero ya no estaba, lo busqué, pero no lo encontré.

Observa al perfecto, mira al hombre recto: toda una
posteridad tendrá el hombre de paz.

Los pecadores, en cambio, de una vez se irán, la raza de los
malos será exterminada.

La salvación de los justos viene del Señor, él es su refugio en
tiempos de angustia.

El Señor los ayuda y los libera, salva a cuantos confiaron en él.

Oración al beato Álvaro del Portillo

Señor, te pido por intercesión del beato Álvaro la afabilidad, la comprensión y la paciencia. Concédeme la gracia de mantenerme sereno, de vencer la ira y los enfados si alguien me da un disgusto, me contradice o me perjudica; dame la gracia de ser paciente cuando los asuntos en los que me he empeñado mucho tardan en salir adelante o no discurren como yo quisiera. Deseo evitar, con tu ayuda, las palabras bruscas, las reacciones impacientes y las protestas estériles. Ayúdame a no hablar mal de nadie con dureza y a no quejarme ásperamente de nada. Haz que como el beato Álvaro, sepa cultivar el arte de "saber esperar". Que antes de hablar, corregir o hacer advertencias a los demás, sepa dejar pasar un tiempo razonable para hacerlo solo después de haber rezado y reflexionado con calma.
Amén.

Oración de santo Tomás de Aquino para después de comulgar

Gracias te doy, Señor Santo, Padre todopoderoso, Dios eterno, porque a mí, pecador, indigno siervo tuyo, sin mérito alguno
 de mi parte,
sino por pura concesión de tu misericordia,
te has dignado alimentarme con el precioso Cuerpo y Sangre de tu Unigénito Hijo mi Señor Jesucristo.
Te suplico que esta Sagrada Comunión no me sea ocasión de
 castigo,
sino intercesión saludable para el perdón;
sea armadura de mi fe, escudo de mi voluntad, muerte de
 todos mis vicios,

exterminio de todos mis carnales apetitos, y aumento de
   caridad, paciencia y verdadera humildad,
y de todas las virtudes: sea perfecto sosiego de mi cuerpo y
   de mi espíritu,
firme defensa contra todos mis enemigos visibles e invisibles,
perpetua unión contigo, único y verdadero Dios, y sello de mi
   muerte dichosa.
Te ruego que tengas por bien llevar a este pecador a aquel
   convite inefable,
donde Tú, con tu Hijo y el Espíritu Santo,
eres para tus santos luz verdadera, satisfacción cumplida,
gozo perdurable, dicha consumada y felicidad perfecta.
Por el mismo Cristo Nuestro Señor.
Amén.

Oración de san Francisco de Asís

Señor, hazme instrumento de tu paz.
Donde haya odio, siembre yo amor;
donde haya injuria, perdón;
donde haya duda, fe;
donde haya desaliento, esperanza;
donde haya oscuridad, tu luz;
donde haya tristeza, alegría.
¡Oh, Divino Maestro!,
que no busque ser consolado, sino consolar;
que no busque ser querido, sino amar;
que no busque ser comprendido, sino comprender;
porque dando es como recibimos;
perdonando es como Tú nos perdonas;
y muriendo en Ti, es como nacemos a la vida eterna.
Amén.

Oración Poesía de santa Teresa de Jesús

Nada te turbe, nada te espante,
todo se pasa, Dios no se muda;
la paciencia todo lo alcanza;
quien a Dios tiene nada le falta:
Solo Dios basta.

Eleva tu pensamiento, al cielo sube,
por nada te acongojes,
nada te turbe.

A Jesucristo sigue con pecho grande,
y, venga lo que venga,
nada te espante.

¿Ves la gloria del mundo? Es gloria vana;
nada tiene de estable,
todo se pasa.

Aspira a lo celeste, que siempre dura;
fiel y rico en promesas,
Dios no se muda.

Ámala cual merece bondad inmensa;
pero no hay amor fino sin
la paciencia.

Confianza y fe viva mantenga el alma,
que quien cree y espera
todo lo alcanza.

Del infierno acosado aunque se viere,
burlará sus furores
quien a Dios tiene.

Vénganle desamparos, cruces, desgracias;
siendo Dios tu tesoro,
nada te falta.

Id, pues, bienes del mundo; id dichas vanas;
aunque todo lo pierda,
solo Dios basta.

Oración del cardenal Newman

¡Oh mi Señor Jesús! Yo creo, y por tu gracia quiero siempre
    creer y profesar,
y sé que es cierto, y que lo será hasta el fin del mundo,
que no se hace nada grande sin sufrimiento, sin humillación,
y que todas las cosas son posibles con estos medios.
Creo ¡oh mi Dios!, que la pobreza vale más que las riquezas,
la pena que el placer, la obscuridad y el desprecio que la gloria,
y la ignominia que los honores.
Señor mío, no te pido que me mandes estas pruebas, porque
    no sé si podría soportarlas.
Pero al menos, ¡oh Señor!, esté en la prosperidad o en la
    adversidad,
quiero creer lo que he dicho.
No quiero poner mi fe en las riquezas, en la dignidad, en el
    poder o en la reputación.
No quiero asentar mi corazón sobre los éxitos de este mundo
    ni sobre sus ventajas.
No quiero desear lo que los hombres llaman los bienes de la vida.
Quiero, al contrario, por tu gracia, tener en más estima a los
    que se desprecia o desdeña,
honrar a los pobres, reverencias a los que sufren,
admirar y venerar a tus confesores y a tus santos,
y escoger mi parte entre ellos a despecho del mundo.
Y, en fin, ¡oh mi querido Señor!, aunque sea tan débil que no
    pueda pedirte
el sufrimiento como un don, ni tenga la fuerza de hacerlo,
te pediré al menos la gracia de recibirlo bien,
cuando según tu sabiduría y amor, me lo envíes.
Deseo humillarme en todas las cosas, no responder a las
    malas palabras sino con el silencio,
y conservar la paciencia cuando el enojo o el sufrimiento se
    prolonguen,

y todo esto por amor a ti y a tu cruz, sabiendo que de esta manera mereceré
las promesas de esta vida y de la eterna.
Amén.

Oración a santa Mónica

¡Oh Dios omnipotente y Padre de toda consolación,
que te dignaste alentar tanta esperanza en el corazón de tu sierva santa Mónica,
madre de san Agustín, que en los días más amargos de su tribulación,
cuando su hijo más se alejaba de Ti,
nunca dejó de esperar y rezar con grande confianza
el cumplimiento de sus deseos y
la consecución de tus misericordias!
Concédeme por su intercesión y méritos aquella firme esperanza
y santa paciencia que ella tuvo, para que jamás desfallezca mi oración y
merezca conseguir lo que te pido, para el bien de mi hijo,
consuelo de mi alma y gloria tuya.
Amén.

Oración para pedir la serenidad

Dios, concédeme la serenidad para aceptar las cosas que no puedo cambiar,
el valor para cambiar las cosas que puedo cambiar
y la sabiduría para conocer la diferencia;
viviendo un día a la vez, disfrutando un momento a la vez;
aceptando las adversidades como un camino hacia la paz;

pidiendo, como lo hizo Dios, en este mundo pecador tal y
    como es,
y no como me gustaría que fuera;
creyendo que Tú harás que todas las cosas estén bien si yo me
    entrego a Tu voluntad;
de modo que pueda ser razonablemente feliz en esta vida
e increíblemente feliz Contigo en la siguiente.
Amén.
(Reinhold Niebuhr)

Manojito de imposibles a la Santísima Virgen De Guadalupe

¡Oh Madre de Guadalupe, que para Ti
no hay imposibles! A tu corazón, todo amor y
todo magnitud y dulzura, he confiado un
manojito de imposibles, que bien conoces y
realmente son superiores a mis fuerzas.
Problemas insolubles, dificultades insuperables,
penas sin humano remedio que me torturan
espantosamente, aquí están Madre mía, para
que Tú hagas el imposible de que se
remedien... Muestra la grandeza de tu amor
y tu poder superior superando esos imposibles.
Los traigo a tus plantas, en la confianza, con la plena
seguridad de que los remediarás, porque por tu
propia dignación y por el compromiso que
tu Corazón quiso contraer en favor nuestro,
esos imposibles dejarán de serlo al influjo
irresistible de tu Bondad.
Amén.

Este libro, publicado por
Ediciones Rialp, S.A.,
Manuel Uribe 13-15, 28033 Madrid,
se terminó de imprimir en
Estilo Estugraf, S.L.
Ciempozuelos (Madrid),
el día 16 de marzo de 2024.